儿童游戏力训练

康英杰 著

中国纺织出版社有限公司

内 容 提 要

本书从游戏意义、游戏学习、游戏思维、游戏创造、游戏合作、游戏勇气、游戏时间等方面入手，为家长和儿童总结出一套有效的游戏力方案。全书包括：游戏力意义、锻炼想象力、培养专注力、培养动手能力、修炼表达力、锻炼逻辑力、做好时间管理、培养情商、学会控制情绪、锻炼社交力、培养合作力、增加孩子的信心与勇气等内容。每个游戏都标注了适龄儿童、游戏准备、游戏步骤、欢乐时光、游戏目的以及成长记录等内容，具有理论和实践的双重意义。旨在游戏过程中激发孩子的潜能，帮助父母读懂孩子的成长诉求。

图书在版编目（CIP）数据

儿童游戏力训练 / 康英杰著 . -- 北京：中国纺织
出版社有限公司，2021.4
ISBN 978-7-5180-7730-4

Ⅰ . ① 儿… Ⅱ . ① 康… Ⅲ . ① 儿童—智力游戏—研究
Ⅳ . ①G898.2

中国版本图书馆 CIP 数据核字（2020）第 145062 号

策划编辑：顾文卓　　特约编辑：徐　洪
责任校对：高　涵　　责任印制：何　建

中国纺织出版社有限公司出版发行
地址：北京市朝阳区百子湾东里 A407 号楼　邮政编码：100124
销售电话：010—67004422　传真：010—87155801
http://www.c-textilep.com
中国纺织出版社天猫旗舰店
官方微博 http://weibo.com/2119887771
天津千鹤文化传播有限公司印刷　各地新华书店经销
2021年4月第1版第1次印刷
开本：710×1000　印张：17
字数：207千字　定价：49.80元

　　儿童的天性便是自由爱玩，可随着父母"起跑线意识"的加深，儿童能够嬉戏打闹的时间越来越少。这不仅是中国孩子的问题，也是世界范围内孩子的共同问题。

　　可是减少儿童的游戏时间，不但不能将孩子的心拴在学校里，反而还会激发儿童的"报复"心理，加倍沉迷于电子产品与虚拟游戏。

　　相反，在童年拥有足够游戏时间的孩子，长大后在智商、情商、性格和人际交往等方面，都明显较其他孩子更优秀。因为游戏能激活孩子天性中的合作意识与勇气，能帮助孩子战胜童年社交焦虑，也能成为父母与孩子心灵沟通的桥梁。

　　游戏之于儿童，就像海洋之于鱼儿。

　　为什么有些孩子一见到陌生人就会紧张害怕？为什么有些孩子争强好胜，遇到一点小事就大发脾气？为什么孩子总是拒绝新事物，很难融入新环境？这些看似复杂的问题背后，其实都有一个简单的归因——孩子的游戏力缺失了。

　　处于孩童期的儿童，其心智发育尚不完全，如果只是照本宣科地灌输道理，就很难达到预期目标。而孩子的学习能力、思维能力、动手能力、创造能力、社交能力、时间管理能力等，都可以通过游戏来培养。

　　现如今，越来越多的儿童提早接触到了手机、电脑等网络载体，不少家长为了让孩子能"安静"一会儿，将手机或平板电脑等物品交给孩子，然后去忙自己的事情。

　　可网络对儿童的危害不言而喻，孩子需要游戏，但需要的并非是网络游戏，而是亲子间、同龄人间的互动游戏。

　　对于儿童来说，游戏的能力甚至比学习力更重要。因为儿童的大脑尚未发育完全，即便勒令孩子背诵唐诗宋词，他们也未必能理解其中含义，不过是照本宣科应付了事，但游戏却可以开发大脑，开发儿童潜能，培养儿童的各项能力。

绝大部分游戏都需要孩子以走、跳、跑、爬等动作进行，这原本就能促进孩子的身体机能与运动功能的发展，还能增加孩子的动手操作能力与身体协调性。何况，游戏时孩子不仅要用到四肢，还要用到五官，这些又可以促进孩子触觉、嗅觉、视觉、听觉、前庭平衡、身体重力和身体动觉等感知功能的综合发展，培养孩子的感受能力，并促使孩子产生相应的行为反应。

社交性游戏、互动性游戏可促进孩子的语言发展，锻炼孩子的语言理解力与行为表达力，增加儿童的词汇量，提高孩子的表达能力。尤其是需要与人合作的游戏，还可以锻炼孩子的人际互动力、团结力与合作力，帮助孩子克服困难、增加勇气、培养自信，克服以自我为中心、乱发脾气等问题。

想象性与逻辑性的游戏可以提高孩子的观察力、动手能力与视觉空间能力，培养孩子的数量概念与逻辑思维，让孩子学会分析与判断，培养孩子思考解决问题的能力。

游戏力，就是用儿童乐于接受的方式，让孩子从游戏中获得以上能力，能在游戏中学到知识并有所感悟。

正是基于这方面考虑，我们总结了一套切实可行的游戏方案，从游戏意义、游戏学习、游戏思维、游戏创造、游戏合作、游戏勇气等方面入手，重点激发孩子的潜能，帮助父母读懂孩子的诉求，引导孩子健康发展，也让孩子深刻了解父母的关心、赞赏、鼓励与期望。

目录

1

第一章 | Chapter 1

您真的了解孩子吗

1.不同年龄孩子发育的进程

　　儿童发育是一项动态的过程,对于孩子的发展,我国自古便有"三翻、六坐、七挠、八爬"之说。随着年龄的增长,孩子的身体系统,如骨骼、肌肉、神经、器官、分泌系统等开始发育成熟,他们的心理也逐渐趋于成熟。

　　虽然孩子们的发育有个体性差异,但根据普遍的儿童发育模式,我们可以得出这样的结论:

　　(1)儿童发育是从头部到脚部、从上肢到四肢的。也就是说,孩子一定是先学会头部控制,再学会上肢控制,最后学会下肢控制的。

　　(2)儿童发育是从中心到边缘的。也就是说,孩子在发育过程中,一定是先完成良好的躯干控制再学会四肢动作的。

　　(3)儿童发育是从整体到特定的。也就是说,孩子是先发育周身大肌肉,再学会局部精细动作的控制的。

　　(4)儿童发育是从简单到复杂的。也就是说,家长朋友们一定要让孩子先学会具体概念,再培养他们抽象思考的能力。

1～3个月

诞生之初，宝宝呈现蜷曲姿势，小手有自然的抓握反射。他们哭声有力，对声音和强光有本能的灵敏反应，也喜欢跟人有肌肤接触。

满月后，宝宝的小手可以紧握成拳，也可以在家长的帮助下拉腕坐起，并让头保持片刻竖直状态。这时，他们能够主动发出一些细小声音，有人说话时，他们会注意倾听声音。1个月的宝宝已经会用眼睛"跟踪"走动的人，也会盯着眼前的人看。

2个月时，宝宝能够短暂地俯卧抬头，小手可以握住拨浪鼓并保留片刻。他开始喜欢触摸身边的东西，也会注意到体积较大的玩具等。这时，宝宝可以发出"啊""喔""咿""哎"等声音来表示自己的高兴，如果此时有人逗他，他会微笑并给予积极地回应。

3个月时，宝宝能够做到45°俯卧抬头，两只小手也能握在一起。握拨浪鼓时，小手可以来回晃动。3个月的宝宝笑声已经明显，也开始"认人"了。当看见母亲和喜欢的人时，宝宝会用笑声来表达内心的喜悦。

4～6个月

4个月时，宝宝能够做到90°俯卧抬头，扶着宝宝腋下时，他们可以短暂地站立。这时，宝宝会双手一起舞动拨浪鼓，还会将玩具放进口中，并探头寻找声源。他们已经可以分辨温和与严厉的声调，也会高声大叫或大笑了。

5个月时，宝宝只要稍稍借助外力，就可以进行拉腕坐起了。他们开始好奇地抓附近玩具，也会伸手触摸能握住的一切东西（如圆圈、吊杆等）。他们手中拿起一只积木时，眼睛还会看向其他的东西。在家长跟宝宝说话时，他们会注视家长的口型。当家长给宝宝拿来他们喜爱的食物时，他们会表现出很兴奋的样子。

6个月时，宝宝已经可以仰卧翻身，并伸展腿脚了。家长会发现宝宝开始喜欢踢人和撕纸了，因为宝宝的四肢正在发育，他们可以用整个手掌握住东西，而且能够左右手同时拿住两块积木，如果积木掉落，他们也会有意识地低头寻找。当家长朋友叫宝宝的名字时，他们会转头给予反应。这时，宝宝最喜欢跟家长做躲猫猫游戏，也会自己往嘴里塞入饼干等食物。

7～9个月

　　7个月时，宝宝可以独立坐起来，并摆弄自己的小脚丫。他们会不停抓挠东西，并伸手去够远处的玩具。当够不到玩具时，他们会用大叫的方式，让家长帮自己拿到玩具。这时，他们已经会发叠字音，如"哒哒""嘛嘛""叭叭"等，而且会改变声音的高低。他们能认出生人，并拒绝生人抱自己。

　　8个月时，宝宝在双手扶住东西的情况下可以站起来，并开始尝试取第三块积木。他们会有意识地摇铃、照镜子、玩玩具。他们会使用双手捧着杯子喝水，也会自言自语，用高低语调来跟自己对话。这时，宝宝开始能读懂成人的表情，也会跟妈妈撒娇。

　　9个月时，宝宝会爬了，也可以拉手行走。这时，宝宝开始学会手部精细动作，如用拇指和食指捏起圆圈和丸子等等，他们会扔掉手中的东西（家长可以尝试一下抛小球），会明确表示自己要什么、不要什么，开始对微小的声音感兴趣，如两个积木的敲击声或风铃声。可以发出模糊的两个字词语，如"再见""欢迎"等。

10～12 个月

10个月时，宝宝可以拉手站起，也可以扶着栏杆走路。他们拇指与食指的"捏"动作逐渐娴熟，也可以撕开鞋上或衣服上的魔术贴。他们开始对盒子里的东西好奇，也开始模仿家长的动作（如按手机的开机键），他们开始对细小的东西感兴趣，也会使用只有自己和妈妈才知道的语言跟妈妈进行简单的交流。

11个月时，宝宝可以扶着栏杆或墙蹲下捡东西，也可以独立站立片刻。他们会使用四肢爬台阶，也会打开用纸包住的东西。他们会将玩具放入杯子中，也会模仿家长推车。这时，孩子会有意识地发出一个字的命令，如"啊""哒"等，这些命令来自于他们对家长的模仿。这时，宝宝会用手抓东西吃，也会模仿家长哄孩子入睡的动作，来拍玩偶的后背。

12个月时，宝宝可以独立站稳，家长可以牵着一只手带着宝宝行走。他们开始对物品的关联性有认知，会将玩具放入玩具桶，会把东西递给家人，也会用手掌握笔和盖瓶盖等。他们会清晰地叫出"爸爸""妈妈"，能理解爸爸妈妈的意图（如"宝宝，把杯子递给我"），也会配合家长穿衣服和咀嚼食物等。

13～18个月

　　13～15个月时，宝宝可以独立行走，也会爬台阶、用力推开门等。他们会使用画笔在纸上、墙上涂鸦，也能认识形状、颜色和声音的差异。他们会在爸爸妈妈的提问下，用手指眼睛、耳朵、鼻子和嘴巴等，能说3～5个字的词。在这一阶段，宝宝开始有地盘意识，会脱袜子，会翻书。

　　16～18个月，宝宝可以进行3米左右的跑步，他们开始会滑滑梯、跳舞、扔球、爬坡、敲打物体等。在精细动作上，宝宝能够握住汤匙，会将不同形状的积木嵌入相对应的空白处，能把4块积木摞在一起，会说10个字左右的句子，也知道所有物品都有自己的专属名词。这时，宝宝会有意识地控制大小便，也会没来由地发脾气。他们会模仿大人的动作，也会脱内裤和摘帽子。

19～24 个月

19～21 个月，宝宝可以用脚尖走路，并扶着栏杆或墙上楼。宝宝可以拖或推着重物行走，也可以控制手腕的活动，如用小壶倒水。他们可以使用玻璃丝穿过扣眼，也可以用三只手指捏住物品。这时，宝宝可以把七八块积木摞在一起，也能回答家长的简单问题。他们开始对动物感兴趣，能等待用餐，并在餐前洗手。

22～24 个月，宝宝可以双脚跳离地面，也可以玩踢球和投掷游戏了。这时，他们的手腕已经可以灵活活动，可以进行拼拼图、贴贴纸等游戏了。宝宝会开始翻书，也开始用味觉和嗅觉辨别各种味道，他们开始喜欢听故事，也会唱 2 句以上的儿歌。宝宝可以自己穿鞋，会用毛巾擦嘴，也可以扣上或解开纽扣了。

25～36个月

25～27个月，宝宝可以独自上下楼，并可以进行爬山、螃蟹走（横着走）等活动。他们可以玩橡皮泥，也可以用线穿进细小的东西中。他们可以认识复杂的形状，也可以玩9片左右的拼图。这时，宝宝们已经会说长句子，并可以将拖鞋摆放整齐了。

28～30个月，宝宝可以单脚站，可以骑三轮车，也可以从50厘米高的地方跳下来。他们会用手指的力量去捏动晾衣架，也会使用剪刀。他们开始接触数学，知道1个和多个的区别，也会用"冷""热"等词表达自己的感受。他们可以卷地毯，叠毛巾，也可以说出图片上物品的名称。

31～33个月，宝宝可以进行立定跳远，也可以持续走1500米左右。他们可以很快地奔跑且不跌倒，也可以荡秋千。他们开始会画圆，也会剪纸、折纸，他们懂得"里—外""前—后""大—小"这样的序列，也开始产生性别意识，知道爸爸、爷爷、叔叔是男人，妈妈、姥姥、姨妈是女人，他们可以执行连续性的三个命令，比如"把手洗好后，再把碗拿过来，然后坐到凳子上等吃饭"。

34～36个月，宝宝可以两脚交替跳跃，也可以两脚交替着上楼梯。他们可以灵巧地使用筷子，并开始对2、3这两个数字有意识。他们开始认简单的字，也喜欢看书。这时，他们已经会洗方巾，也学会擦屁股了。

2.儿童游戏的不同类型

根据著名儿童心理学家皮亚杰的认知发展游戏理论看:

0～2岁儿童适合联系性游戏;2～4岁儿童适合象征性游戏;4～7岁儿童适合规则游戏。

由此,我们不难看出不同阶段的孩子需要玩不同的游戏。游戏的目的不仅是帮助孩子获得快乐,也是帮助孩子更好地完善自己。

针对1～6岁儿童不同阶段的培养,我们给出了扮演类游戏、互动类游戏、手工类游戏、运动类游戏、创意类游戏这五种类型。家长朋友们可以根据孩子的成长阶段选择不同类型的游戏。

扮演类游戏

扮演类游戏适合1～3岁宝宝,不只是女宝,男宝也很适合扮演类游戏。玩扮演类游戏,可以让宝宝乖乖睡觉、好好吃饭、不怕打针等。下面我们就一起看一下不同阶段的宝宝更适合哪种扮演类游戏吧。

☆1岁～1岁半的宝宝更适合"自我扮演"

1岁时,宝宝会自顾自地"扮演"一些动作,比如假装喝水、假装睡觉、假装吃饭等。有些家长会觉得孩子是在"调皮"而故意制止他们的活动,其实,这些活动是孩子们萌发扮演欲的表现。所以,给1岁～1岁半的宝宝们准备一个陪伴娃娃,再准备一些扮演类玩具(如

小水壶，玩具杯子等）是很必要的。这会有意识地增加他们的模仿欲望，也能刺激宝宝们的学习力、观察力与模仿力。

☆ 1岁半～2岁的宝宝更适合"简单扮演"

这一阶段的宝宝会使用玩具进行简单的扮演游戏了。比如，他们会用玩具勺子来喂陪伴娃娃吃饭，或者拿玩具小车假装开车。他们还会模仿大人们的简单动作，比如拿手机打电话等。这时，我们应该给宝宝们准备套系玩具，如厨房套装、医生套装等，让孩子习惯长时间玩同一套玩具，巩固自己的模仿能力。

☆ 2岁～2岁半的宝宝更适合"熟悉的情景扮演"

2岁以后，宝宝的扮演就不局限于某种动作了，他们会将多个动作合并在一起，也就是说，他们可以进行一系列有"情节"的动作。比如哄陪伴娃娃入睡时，他们不再简单地拍打娃娃后背，而是学会将睡前故事书、奶瓶等放在陪伴娃娃旁边，然后低声对陪伴娃娃说些什么，最后再入睡。这时，家长朋友们可以多鼓励宝宝对熟悉的场景进行模仿，比如模仿奶奶打电话、模仿妈妈化妆等。

☆ 2岁半～3岁的宝宝更适合"不熟悉的情景扮演"

2岁半以上的宝宝已经完全可以扮演一些不熟悉的场景了。比如在家中，他们可以幻想自己是餐厅的服务员，给陪伴娃娃及爸爸妈妈"上菜"，还可以把一块普通的积木想象成一台小轿车，然后用动作和语言来模仿开车。这一阶段，孩子可以进行无实物扮演了，比如他们可以只用双手模仿大人喝酒的动作，有时还会用"哈"声作结尾，来表达酒很好喝。在这一阶段，我们可以多带孩子出门"见世面"，让孩子接触各种新鲜的场景。

扮演类游戏对宝宝的帮助很大，总的来说，它可以帮助我们解决以下四种问题：

帮助宝宝认识和了解自己，帮助宝宝认识和接受这个世界，让宝宝学会接受和处理自己的情绪，开发宝宝的综合认知能力。

互动类游戏

互动类游戏适合 1～6 岁的宝宝，因为从 1 岁开始，宝宝就需要通过互动的方式来增进亲子感情、培养生活认知、形成初步观念等。在互动类游戏中，孩子可以体验最初的交往关系，也可以培养他们以后的处世观念，所以，家长朋友一定要重视互动类游戏，并通过这类游戏对孩子进行积极引导。

与宝宝做互动类游戏时，家长需要注意以下几点。

☆不要挫伤宝宝的积极性

家长朋友们在与孩子做互动游戏时，注意不要用强硬的态度回绝孩子的要求，如果我们不想参加孩子的游戏，可以采用委婉或鼓励的方式让孩子自己尝试，不要粗暴地拒绝，也不要假装听不见孩子的话。

☆不要欺骗宝宝

家长朋友在工作或忙碌时，总会通过许诺的方式欺骗宝宝。但当我们经常欺骗孩子时，孩子就会对我们产生不信任感，继而给宝宝造成心理阴影，造成一系列成长问题以及青春期问题。

☆不要敷衍宝宝

在做互动游戏时，家长要积极参与游戏，要用角色身份和游戏口吻引导孩子开展游戏。切记不要敷衍宝宝，否则宝宝就会对游戏失去兴趣，也让亲子间感情出现问题。

☆尝试培养孩子的独立性

虽然家长应该积极主动地与孩子进行互动游戏，但考虑到独立性的培养问题，我们还是应该多尝试让孩子独立游戏，自己陪在旁边。在这里需要注意的是，我们在孩子游戏时应当站在他们目所能及的位置，不要偷偷溜走，这样反而会引发孩子的不安。

互动游戏能有效培养亲子感情，培养孩子情商，让孩子学会与人相处的正确方式。所以，家长朋友们多与孩子进行互动游戏是很必要的。

手工类游戏

手工类游戏适合3～6岁儿童。3岁时，儿童的手指肌肉已经完全能支撑他们进行精细动作。在3～6岁时多做手工类游戏，可以培养孩子的动手能力、观察能力、自信心和创造力，还能增进亲子感情，为生活增添乐趣。

☆培养动手能力

孩子在做手工之前，他们的头脑中会涌现手工的步骤，也会发散出奇思妙想。对孩子来说，让他们把脑中所思付诸实践其实是很美妙的过程。孩子用自己的双手成就一件件精美的手工作品，这件作品会帮助孩子培养良好的动手能力，也让孩子学会"设计—规划—制作—欣赏"，这是十分难能

可贵的。

☆培养观察能力

幼儿手工通常不会太难，基本是对日常事物的简单复制。所以，孩子要想做出漂亮的手工作品，就少不了对周边事物的用心观察。如果观察得够仔细，那做出来的东西就会注重细节变化，整体的作品也就变得精巧美妙。所以，手工类游戏还能培养孩子注意留心身边事物的好习惯。

☆培养自信心

做什么事都不是一帆风顺的，手工游戏也是如此。在做手工的过程中，孩子会遇到很多问题，也会学着解决问题。把手工坚持做好，是孩子有毅力的表现。因此，家长朋友们在孩子完成手工类游戏时一定要及时予以表扬，这样才能帮助孩子建立自信心。

☆培养创造力

在手工制作的过程中，家长或幼儿园老师会给孩子们一些图片或造型，比如画一张"龟兔赛跑"图片，然后由孩子们自由发挥想象力去涂色等。这种游戏会给孩子的想象力插上翅膀，让他们学会用更多方式进行思考与创作。

运动类游戏

运动类游戏适合 3 ~ 6 岁孩子。

3 岁后，孩子多进行运动类游戏可以有效促进肌肉发育；多进行集体运动类游戏，还可以培养孩子的合作意识和集体主义精神，让他们变得更有责任感，也学会履行分内职责以及遵守规则。

儿童多进行运动类游戏可以提高生活中所需要的走路、跑步、攀爬、跳跃、搬运和投掷等技能。从开发身体方面看，运动类游戏能增加儿童各器官、各系统和各肌肉群的负荷，从而更好地促进儿童发育。通过改变游戏环境和运动量，还可以全面开发儿童改的力量、速度、耐力和灵敏度，能提高儿童对外界的适应能力，并发展他们的空间力、思维力与判断力。

在婴儿时期，他们进行的运动类游戏主要是被动体操，需要由家长来帮助完成。到了幼儿时期，他们的运动类游戏主要是主动体操、球类游戏及田径游戏。

☆跳绳游戏

能帮助儿童通经活络，培养他们的行走能力，促进小腿肌肉发育。

☆骑车游戏

四轮车、三轮车和自行车都能锻炼儿童腿部与足部肌肉，提高孩子的速度、灵敏度与平衡感。

☆游泳游戏

不到 1 岁的孩子也可以游泳，而且游泳是锻炼婴儿肺活量的好方法。游泳可以提高身体免疫力，也可以提高对外界的适应能力。

☆爬山游戏

爬山适合 3 岁以上的孩子。通过攀爬，可以有效提高孩子身体素质，也能间接培养孩子的毅力，培养他们坚持不懈、乐观向上的性格。

☆儿童球类游戏

球类游戏能训练儿童改的平衡力、注意力以及反应能力，羽毛球、乒乓球、网球等运动能锻炼儿童的空间判断力与手眼脑协调性，足球能锻炼儿童耐力与灵敏度，还能增强儿童的团队配合意识。

☆滑冰与体操类游戏

滑冰与体操类游戏可以锻炼儿童的平衡力、心肺功能与柔韧性。

逻辑类游戏

逻辑类游戏适合 2 ~ 6 岁的孩子。

作为智力开发的核心，逻辑思维一直是宝宝们需要重点开发的部分。逻辑思维能力能让宝宝受益一生，也能对宝宝的未来起到重要奠基作用。

从人类的逻辑思维发展趋势看，我们不难得出这样一个结论：

儿童时期的逻辑思维开发需要遵循从具体到抽象、从动作到形象的过程。也就是说，在宝宝逻辑思维发展的最初阶段，家长朋友们要通过简单的游戏来培养宝宝的逻辑思维能力，因为只有在听、看、玩的过程中，宝宝才能更好地开发逻辑思维能力。我们常说一边玩一边想，一边听一边思考，其实就是遵循着这样的道理。

早在 3 岁以前，孩子就已经有思维能力了。比如在桌子上放一个玩具，孩子想要伸手拿却发现够不到时，就会借助身边的椅子、箱子等物爬上去拿，或者向身高足够拿到玩具的爸爸妈妈、哥哥姐姐等寻求帮助。通过借助外力达到目的，这是孩子思维能力的一种表现，这种思维也是从操作过程中得到的。但孩子在这一阶段的思维能力往往是杂乱无章的，所以，在下一阶段中，孩子需要锻炼的就是把杂乱无章的思维用逻辑这条线串起来。

由于生理、心理发展都不完善，逻辑思维能力的训练往往都是从最基本、最简单的做起。下面我们就来看看培养儿童逻辑思维能力的游戏方向：

☆数数游戏，帮助儿童理解"数"的基本概念

家长朋友们可以准备宝宝触手可及的物品——如 3 粒花生，3 个橘子等——并念念有词地告诉宝宝这些东西的数量，引发宝宝对数字的兴趣。

☆归类游戏，培养儿童归纳法

家长朋友们可以引导宝宝将生活中的东西进行归类，如按照颜色归类、按照用途归类等。我们不要否定宝宝的想法，要试着按宝宝的归类标准进行观察，并予以及时肯定。

☆顺序游戏，培养儿童的顺序意识

关于顺序的培养，能对宝宝以后的阅读能力打下良好基础。不仅如此，家长朋友还可以用"从大到小""从高到矮""从胖到瘦""从软到硬"等游戏帮助宝宝培养顺序意识。

☆时间游戏，帮助儿童理解时间概念

新生儿的时间概念很模糊，但到了 2 岁时，他们就可以理解表示时间的词语了。3 岁左右时，他们能听懂"立刻""马上"等时间命令；4 岁左右时，他们可以很好地理解"在……之前"这样的时间概念；5 ～ 6 岁时，孩子已经可以自己规划时间了，所以，家长要做的就是进行一系列时间游戏，帮助宝宝巩固时间概念。

3.抚养0～6岁儿童最常见的问题

0～2岁的问题（无意识问题）

☆抓挠他人

该问题出现在 1 岁左右，宝宝在这个年龄段很喜欢用手抓人，由于下手没有轻重，所以宝宝经常会把抱他的家人抓疼。

1 岁左右的宝宝在大动作技能方面逐步发育，但精细动作尚未发育完全，语言表达能力也还没有发育完善，所以，这一阶段的问题主要是无意识问题。

1 岁左右的宝宝喜欢抓人并不构成伤害动机，或者说，他们根本没有自己伤害到别人的意识。因此，我们在宝宝抓人后对他们进行的批评、训斥和讲道理等，所换来的也只能是宝宝无辜地看着我们，且丝毫没有收敛的意思。

现在，让我们来分析一下 1 岁左右宝宝出现抓挠问题的原因：

原因一，由于语言表达能力滞后，他们只能用抓人来表达自己对大人的喜爱。

原因二，被家人冷落，想要通过抓挠方式引起对方注意。

原因三，宝宝想要做什么事情，但却无法准确表达，只好通过抓人的方法表达情绪。

知道原因后，我们来看一下应对方法：

有些家长朋友可能觉得训斥孩子还是比较有用的，因为训完后他们可能会条件反射地收敛一些。但我们也提到了，宝宝抓挠我们的原因之一是因为爱，如果训斥宝宝，就会让他们下意识地不再表达对我们的爱。

所以，我们最好的解决方式是温和地告诉宝宝：我很痛，轻一点。

我们可以一边握住宝宝的手，一边告诉他"轻轻地摸哦"，如果孩子放轻手上的力道，我们就要及时予以表扬，对宝宝报以亲吻和鼓励。

☆拒绝

该问题出现在 2 岁左右，这一阶段的宝宝喜欢跟家长"对着干"。比如妈妈让宝宝喝牛奶，宝宝明明想喝，但却强硬地告诉妈妈"不要"；再比如妈妈想牵着宝宝的手散步，宝宝会想方设法地躲开妈妈的手，并告诉妈妈"不"。

宝宝的拒绝问题会让很多家长朋友头疼不已，下面我们来分析一下该问题出现的原因：

这一阶段宝宝逐渐发育出自我意识，他们喜欢通过挑战大人的方式，来强化自己的存在，也喜欢用否定句来确认和强调自己的存在。

知道原因后，我们来看一下应对方法：

当我们使用"让妈妈牵着手好吗"这样的问句而被宝宝拒绝时，我们不妨换一种提问的方式，比如"宝宝，你想让妈妈牵手走还是自己走""想让妈妈牵左手还是右手""宝宝想喝牛奶还是水"等等。

把问题抛给孩子，给他们选择的机会，这样能让宝宝觉得自己受到重视，也能让宝宝参与大人的谈话。如果我们主动强化宝宝的自我意识，他们直接拒绝我们的概率也就小很多了。

1～3 岁的问题（自我意识问题）

☆情绪失控

该问题出现在 2～3 岁，这一阶段的宝宝自我意识逐渐发育完善，活动范围也随着运动能力的发育而扩大。所以，此时他们的自我意识问题主要表现在脾气大上。

快 2 岁的宝宝脾气开始变得暴躁，稍有不顺心的事情，宝宝就会拼命哭闹喊叫、撒泼打滚，让家长朋友们苦不堪言。此时，如果爸爸妈妈顺着他们，他们就会出现原则性错误，比如将药片等不该吃的东西吃下，或往马路中间跑等等；如果爸爸妈妈批评制止他们，他们则会哭闹个没完，仿佛身上有无穷无尽的精力一般。

下面我们来分析一下宝宝出现情绪失控问题的原因：

2～3 岁的宝宝出现明显的"自我中心"意识，他们开始疯狂地排斥别人，也排斥"异己"的行为与主张。他们没有控制情绪的能力，且语言表达能力发育不完全，所以在愿望不能被满足时，他们就会借助大发脾气的方式来表达自己的不满。

知道原因后，我们来看一下应对方法：

首先，家长朋友不要随便指责孩子，也不要给孩子扣上"坏脾气""臭脾气"等帽子，否则孩子会受到消极心理暗示，从而真的往"坏脾气"的方向发展。

我们要多站在孩子的角度思考，适当满足一些他们的合理要求，比如在房间内不想穿毛衣等。如果孩子想做的事情违背了原则，那我们就要表达出充分的耐心，告诉他们这样做是不可以的，然后给他们提供一些解决方案。比如孩子睡前想吃冰淇淋，我们可以对孩子说"我们尽快睡着，睡醒就可以吃冰淇淋了"。如果孩子在外面哭闹起来，我们不妨使用冷处理方法，将孩子带到不打扰其他人的地方，等他们哭闹得差不多了，我们再耐心地给他们讲道理。

☆占有欲强

该问题出现在 2～3 岁，这个年龄段的孩子总会表现出占有欲强的样子。

在 1 岁左右，当家长或其他小伙伴问宝宝要东西时，宝宝通常会很大方地把东西递过去。但到了 2 岁后，宝宝大多会变得"自私"起来。他开始不让别人拿自己的东西，甚至碰一下都不行。如果遇到好玩的、好看的、好吃的东西，他们也会毫不客气地霸占起来。

这时，家长朋友们会很苦恼，如果是自家东西倒还好，可如果在外面拿着别的小朋友的东西不放，难免被对方家长看轻，说自己教育得不好。

下面，我们就来分析一下这个问题出现的原因：

2～3 岁是孩子的"物权敏感期"，不管孩子以前多大方，在这一阶段也会表现出很强的占有欲。这并不是孩子的性格有缺陷，只是意味着孩子的心智已经逐渐发育到能宣布所有权的阶段。因此，家长朋友们在这一阶段要做的就是正确引导孩子。

知道原因后，我们来看一下应对方法：

在孩子表现出占有欲后，家长朋友一定要表示尊重。哪怕孩子在外面把气氛弄得很尴尬，我们也不要大声呵斥或制止，不要把孩子手中的东西强行夺走。否则，孩子就会产生一种潜意识：我的东西我是不能做主的，或者比起我来妈妈更喜欢那个（拿走宝宝东西的）孩子。这种潜意识对孩子的发展是很不利的。

家长需要的做的，是给孩子创造分享的机会。比如家长将橘子剥好后，让孩子分给大家，接到橘子的人需要用赞美的话表扬孩子的分享行为，这样就会刺激孩子从占有欲向分享欲过渡，也能让孩子感受到分享带来的快乐。

☆故意捣乱

该问题出现在 2～3 岁，且不分男宝女宝。宝宝到了 3 岁左右时，会变得格外调皮捣蛋。有些家长朋友认为"小男生就应该调皮一点"或认为"女孩子不应该这么'疯'"。但其实，这种故意调皮捣蛋是很正常的。

下面，我们就来分析一下宝宝出现调皮捣蛋的原因：

原因一，宝宝想感受并体验自己的力量。在第一次感受力量（如把杯子打碎）后，如果家长表现出很夸张的样子（如大声询问有没有受伤，或面部表情很吃惊），那就有可能刺激宝宝的心理。宝宝会觉得自己力量很强大，可以左右大人的情绪，从而喜欢上调皮捣蛋。

原因二，满足情感需求。宝宝会因为愿望无法实现，或缺少大人关爱而调皮捣蛋。如果宝宝有"失去关注—调皮捣蛋—重新获得关注"的经验，那他们在渴望获得关注时就会故技重施，通过调皮捣蛋的方式来实现愿望。

原因三，宝宝精力过于充沛，需要用这种方式发泄。在宝宝还不懂发泄精力的方式时，通常会采用调皮捣蛋的方式来发泄多余的精力。比如他们模仿电视上的情节，对一簇花"练习武功"，将花打得七零八落等。

知道原因后，我们来看一下应对方法：

家长不能强行压制孩子的天性，否则也是治标不治本。我们需要分析孩子的心理，看他们调皮的背后是因为愿望没有实现、因为精力过于充沛还是因为单纯想展示力量。如果是因为愿望没有实现，那我们要做的就是帮助孩子获取正确实现愿望的方法。如果是因为精力旺盛，我们可以带宝宝去爬爬山，或者去公园玩一玩。如果是单纯想展示力量，我们不妨表明自己的态度。

3～4岁的问题（性格问题）

☆任性敏感

该问题出现在3～4岁，这个年龄段的孩子开始进入性格的敏感期。进入幼儿园后，宝宝会随着人际交往的增多，而逐渐暴露出性格方面的问题。比如对方不听宝宝的话，宝宝就会通过"哭""打闹"等任性的方式来宣泄不满。有时候，宝宝明明认识到了自己的错误，但却很难开口跟对方说"对不起"三个字，这些都是宝宝在这一阶段任性敏感的问题。

下面我们具体看一下任性敏感问题出现的原因：

3～4岁的孩子有了情绪问题，但却没有正确疏导情绪的方法。他们从"以自我为中心"向"平常心"过渡的过程中，一时间很难找准自己的定位。而且，当孩子被对方弄哭或孩子惹哭对方时，他们通常也会被自己和对方吓到，这时的他们是没有勇气道歉的，因为他们自己也会陷入情绪中而不知所措。

知道原因后，我们来看一下应对方法：

当孩子犯错并面色惶恐后，家长朋友不要逼着孩子先去认错，可以是自己先去给对面小朋友道个歉，然后耐心引导孩子认识到自己的错误。如果孩子坚持不道歉，我们也不要太为难孩子。有时候，家长适当的宽容会让孩子知道"下不为例"。

☆ "人来疯"

该问题出现在3～4岁，这一阶段的孩子很容易让父母尴尬，因为他们会随着人流量的增多而"疯狂"。有时候，他们会在电影院或聚会上尖叫一声，或上蹿下跳打扰大家。这时，家长朋友会面临这样的尴尬：如果训斥他们，当着大家的面有些不好意思；如果不训斥他们，他们变本加厉让人心烦……

下面，我们就来分析一下宝宝出现这种问题的原因：

原因一，渴望得到家长关注。在家里，如果家长经常对孩子关注不够，孩子就会在人多的时候"人来疯"，以此来获得家长的关注（哄劝或训斥）。

原因二，无聊。当家长忙于观影或招待客人而忽略孩子时，孩子就会因为无聊和寂寞"发疯"。

原因三，平时家长对孩子管教太严，导致人多的时候，孩子会寻求一个发泄情绪的机会。

原因四，自我表现欲望太强。当孩子有些"本领"时，就会有自我表现的欲望。比如画画画得好的孩子，会在人多的时候下意识地拿出画笔在墙上画画，一边画一边尖叫，渴望以此获得大家对自己画技的夸赞。

知道原因后，我们来看一下应对方法：

如果宝宝是因为家长的关注度不够，那我们可以给予孩子足够的关注。比如在看电影前，我们可以小声地对宝宝说"看电影的时候不能影响到其他人，如果要说话，要先用'暗号'示意妈妈，妈妈把头歪过来时，再在妈妈的耳边小声说。来，我们先练习一下"，这里的暗号可以设置为"用手指轻轻戳妈妈胳膊两下"。

如果宝宝是因为无聊，那我们可以让宝宝帮忙拿筷子，拿纸抽，让宝宝参与进活动中来。

如果宝宝是因为家长管教太严厉，那我们需要检讨自己，并给予宝宝足够的关爱。

如果宝宝是因为表现欲强，那我们可以在宴客前，先让宝宝表演一个节目。

总之，我们要对症卜药，才能正确解决问题。

4～6 的岁问题（身体意识问题）

☆儿童对身体的认识问题

该问题出现在 3～4 岁，这一阶段的孩子会产生身体意识，也会通过一系列"奇怪"的方式来确认自己的身体问题。比如小女孩偶然发现小男生是站着尿尿的，自己家的小狗是翘着腿尿尿，于是她也决定站着尿，最后尿湿了裤子。再比如小男生对自己的生殖器好奇，经常用手摆弄等。生活中，这些问题都让家长头痛不已，但却不知道如何解决。

卜面，我们就来分析一下宝宝出现这种问题的原因：

家长在教孩子认识身体器官，如鼻子、嘴、眼睛、胳膊时，会刻意地避开生殖器官，这种刻意会让孩子产生这样的想法：它是让人羞耻的、神秘的，所以他们会出现自发性探索行为。

知道原因后，我们来看一下应对方法：

当孩子做出我们不能接受的"奇怪"举动时，我们要先保持镇静，然后选择一个孩子能接受的方式让他真正了解自己的身体。此时遮遮掩掩反而会刺激孩子的好奇心，他们会觉得自己身上有些地方是不完美的，是让人羞耻的。所以，我们完全可以大方地教给孩子身体器官的准确名字，并让孩子像尊重眼睛、鼻子和嘴巴一样尊重这些器官。

☆儿童的性别意识问题

该问题出现在 4～6 岁，这一阶段的某些孩子开始出现明显的"逆性别化"，比如有些男孩子会扭扭捏捏十分害羞，有些女孩子则会脱掉上衣踢球玩耍等。面对"逆性别化"的孩子，一些家长觉得面上无光，另一些家长则十分尴尬。

下面，我们就来分析一下宝宝出现"逆性别化"的原因：

原因一，家庭对宝宝性别角色造成的无意识影响。有些家长会无意识地在孩子面前流露出"做女人真难""臭男人"等意识，让孩子对自己的性别产生厌恶感。

原因二，家庭对宝宝性别角色造成的刻意影响。一些家长会为了好玩等原因，给男宝穿上漂亮的纱裙，给女宝剃光头等，这些行为会模糊宝宝的性别意识。

原因三，宝宝的先天气质类型如此。一些宝宝先天便有"逆性别化"倾向，但小时候宝宝不懂自己的"性别逆化"，也不懂掩盖这种逆化，所以会自然而然地表露出来。

知道原因后，我们来看一下应对方法：

如果宝宝的"性别逆化"问题是先天性气质，那我们不妨尊重这种气质，让宝宝避免由家庭观念带来的伤害。如果是养育方式出了问题，那我们就要及时检讨自己，然后疏导宝宝的性别意识，给宝宝树立一个正确的性别榜样。

2

第二章｜Chapter 2

孩子需要游戏，就像我们需要食物和水
——游戏力的意义

1.儿童游戏力培养的十大原则

游戏之于儿童，就像海洋之于鱼儿。

绝大部分游戏是需要孩子全身心参与的，他们通过走、跳、跑、爬等动作进行游戏活动，这不仅能促进孩子的身体机能与运动功能的发展，还能增加孩子的动手操作能力与身体协调性。

在游戏中，孩子不仅要用到四肢，还要用到五官，这些又可以促进孩子触觉、嗅觉、视觉、听觉、前庭平衡、身体重力和身体动觉等感知功能的综合发展，培养孩子的感受能力，并促使孩子产生相应的行为反应。

社交性游戏、互动性游戏可以促进孩子的语言发展，锻炼孩子的语言理解力与行为表达力，增加儿童的词汇量，提高孩子的表达能力。尤其是需要与人合作的游戏，还可以锻炼孩子的人际互动力、团结力与合作力，帮助孩子克服困难、增加勇气、培养自信，克服以自我为中心、乱发脾气等问题。

想象性与逻辑性的游戏可以提高孩子的观察力、动手能力与视觉空间能力，培养孩子的数量概念与逻辑思维，让孩子学会分析与判断，培养孩子思考解决问题的能力。

儿童游戏力的培养好处多多，但家长还是要遵循一些原则，这样才能帮助孩子更有效率地游戏、成长。

☆儿童游戏力培养十大原则

第一，陪孩子一起玩。

在孩子的世界中，家长的角色是非常重要的。因此，家长需要每天抽出一定的时间，参与到孩子的游戏中，这样才能以平等的态度，给予孩子引导和启发。

第二，让孩子有同龄朋友一起玩。

同龄儿童的陪伴作用是家长和老师都无法取代的。在与同龄人接触时，孩子会潜移默化地学会妥协、让步，这样可以培养孩子的社会交往能力，还能培养孩子的团队合作能力。

第三，游戏要制定一些规则。

儿童是自由的，但要让孩子知道，自由并不是绝对的，而是在一定的规则内才能获取自由。因此，游戏要制定一些规则，这样能帮助孩子更好地适应社会。

第四，一定是孩子觉得快乐的游戏。

家长在引导孩子游戏时，不能只注重培养，还要注重孩子的感受。不管是游戏还是兴趣班，前提一定是孩子能觉得快乐，愿意主动去做。

第五，设置一定的安全范围。

（1）手扶电梯。要让孩子知道，如果身边没有大人，一定不要单独乘坐垂直电梯。有家长陪同而乘坐手扶电梯时，家长要告诉孩子切勿踩黄线，不可将头与四肢伸到扶手外。

（2）自动旋转门。很多孩子都会因为好奇而把自动旋转门当玩具，可自动旋转门的感应器无法感应到儿童，很容易夹住孩子，因此，家长一定要给孩子打好"预防针"。

（3）有玻璃门的地方。大部分孩子都是活泼好动、不知道危险的，因此，家长要告诉孩子，不能拍打玻璃门。

（4）停车场。停车场相对空间较大，但却非常危险，汽车是有盲区的，孩子又喜欢到处嬉闹，加上孩子的身高较矮，汽车更有可能撞到孩子。

（5）高速公路、马路和机动车辅路。家长一定要对孩子进行安全范围教育，步行要走在人行道上，玩耍要避开公路、马路和机动车辅路等一切可能过车的地方，以免发生危险。

第六，注意行为安全与设备安全。

家长在与孩子游戏时，一定要有安全防护意识，避免带孩子进行危险游戏，如向空中抛孩子等。同时，家长还要对宝宝进行游乐场安全器械安全教育。

第七，游戏惩罚要适度。

孩子会因为游戏变得积极兴奋，这种兴奋会导致错误发生。比如在用沙子堆城堡时，孩子会将沙子扬到其他孩子身上，这时，家长要注意略施小惩，如在一旁站几分钟反省。注意不要使用侮辱性语言伤害孩子的自尊，也不要在他人面前动手打孩子。

第八，对胜利方要肯定，对失败方要抚慰。

在进行团体游戏时，家长要对获胜的孩子予以肯定和表扬，但更要注意对失败的孩子进行抚慰，尤其是孩子因失败而哭泣时，家长要注意引导。

第九，家长对孩子的赞扬要及时。

家长要放低姿态，以和孩子平等的角色参与到游戏中。游戏时，家长要避免对孩子指手画脚、批评责备。在孩子做得不错时，家长要及时予以肯定；在孩子接受游戏较慢时，家长要不断鼓励孩子，让孩子知道自己能行。

第十，做好游戏总结。

在游戏结束后，家长要询问孩子的收获，同时自己也要记录在游戏中的心得，这样才能站在儿童的角度，陪孩子一同成长。

家长游戏心得：

2.成为擅长游戏的父母

在了解游戏力培养的原则后，家长就要问自己一个问题："我是擅长游戏的家长吗？"回答这个问题之前，我们先看一个熟悉的场景。

商场里，5岁的小男孩雷雷坐不住了。他从座位上站起来，一会儿爬到妈妈身上，一会儿看看旁边姐姐手里的手机，一会儿又大声喊叫着。

雷雷妈妈不胜其烦，她抱歉地冲周围的人笑笑，然后回头对雷雷凶道："你能不能安静一会儿？别这么没有教养！"

雷雷委屈地坐在座位上，但没过1分钟，他又开始拖着妈妈要去玩。妈妈拗不过，只好带着雷雷到儿童游乐区。

一进游乐区，妈妈就不停地说着"滑梯太陡了，你不要玩""这个球脏死了，快放下""不许抢小朋友的卡车""玩沙子万一进眼睛怎么办""别去喷泉，到时候溅一身水"。

终于，雷雷"哇"地一声哭了出来。

"你这么不懂事，我以后不带你出来了！"一旁的妈妈精疲力尽地说道。为了止住雷雷的哭声，她把手机塞给孩子："行了，给你看动画片，求你安静会儿吧！"

这个场景是不是很熟悉？在这个场景中，妈妈不能说不用心，她时刻紧绷，把自己弄得十分疲惫。但是，5 岁的小男孩，有几个能坐得住的呢？孩子只想玩，但妈妈却处处限制他，脑子里想的只是"你别给我添乱了"。

这种关系是陪伴吗？并不是，这只是让彼此疲惫的关系。

所谓陪伴，并不是单纯跟孩子呆在一起就行，而是父母要学会读懂孩子的行为诉求，然后在一种轻松愉快的氛围下，实现与孩子的交流。

家长若想真正走进孩子的内心，获得孩子的信任，就一定要把姿态放低，要让孩子真正感受到亲密与安全。为此，成为擅长游戏的父母非常重要。

聪明的家长懂得将游戏设计在日常相处的方方面面。比如在上班前，一些家长会给孩子写留言条，叮嘱孩子饭在哪里、今天的安排是什么等。擅长游戏的家长，会在留言条上设计一些藏宝游戏，只要揭开谜题，就能找到糖果、饼干和玩具等。

这类游戏不但能增加孩子的思维力、想象力和动手能力，还能拉近亲子关系，让每一次留言叮嘱都成为亲子互动的游戏时光。

有些家长喜欢给孩子照相、拍日常小视频。但是擅长游戏的家长会跟孩子一起组装乐高小人、玩芭比娃娃，然后跟孩子一起，为这些玩具编写剧本、设计情节、拍摄小视频。

有些家长喜欢给孩子做无添加饼干，但擅长游戏的家长会在最后的制作环节让孩子邀请朋友加入进来，用模具赋予饼干造型，培养孩子的创造能力和社交能力。

跟儿童相处，最好的办法并不是"说给他听"，而是"做给他看"。

要想成为擅长游戏的父母，要想通过游戏走进孩子内心，实现高品质陪伴，家长朋友们可以从以下几方面入手：

不要扼杀孩子的好奇心

不要怀疑，在游戏方面，孩子天生就是高手。像是观察蚂蚁、玩石头甚至数指示牌等让孩子们玩上半天的东西，家长可能无法理解其中的乐趣，但孩子们却有着不一样的感受。

因此，在孩子们玩耍时，家长不要用"太脏了""真无聊""有什么好玩的""不如去学习"之类的话扼杀孩子的天性。要试着感受孩子的快乐，才能进入孩子的世界。

放下家长的架子

很多家长为了维护权威，都会害怕自己的话对孩子不起作用。这样一来，孩子一旦做错事情，家长就容易板起脸孔，大声呵斥孩子"为什么不听话""怎么这么不懂事"。

可是，家长所谓的"权威"并不能解决问题，反而会让孩子心生恐惧，继而离我们更远。很多家长都不理解，为什么孩子一到青春期就有这么多问题，其实，这些问题都是在孩子的童年时期，与家长渐行渐远而形成的。当我们试着从孩子的角度看问题，让孩子把事情的缘由好好说出来，我们就离孩子的内心世界更近了一步。

建立一个秘密交流的方式

随着对孩子教育的重视，越来越多的家长学会在家里设置"秘密胶囊""漂流瓶"和"小信箱"，在这里，孩子承认的过错和想说的秘密都不会受到父母的责备。所以，建立一个跟孩子秘密交流的方式，就能试着去了解孩子的世界。

孩子，往小了说是父母家庭的宝贝，往大了说就是祖国的未来希望。真正高质量的陪伴，无非是跟孩子一起游戏。在游戏中，孩子会从父母身上学到如何成长，而父母也会因为孩子发生改变，因此，成为一个擅长游戏的父母，真的很重要。

家长游戏心得：

3.加入到孩子的世界中来

很多父母，尤其是年龄较大的父母，都不太懂如何跟孩子打交道。他们要么太溺爱，要么太严厉，总之就是无法顺利进入孩子的世界。

那么，父母在孩子的世界需要扮演什么角色呢？在游戏中，家长又该如何定位自己呢？下面我们就来具体讨论一下。

独生子女家庭

对于独生子女的父母，想要融入孩子的世界是比较简单的。但独生子女缺少玩伴和沟通对象，如果父母工作较忙，孩子就更容易失去归属感与幸福感。

如果家中只有一个孩子，且父母都为在职人员，那建议父母保证每天都有一个固定的时段陪孩子游戏：这个时间可以是晚餐后，也可以是睡前 1 ～ 2 小时。

在这个时间，大部分父母都会觉得"我上了一天班，回家还要看孩子，根本没有自己的时间，我只想追剧、玩手机、打游戏"。但其实，陪伴孩子游戏也是释放压力的一种方式，陪伴孩子游戏的过程，也是双向的美好体验。

父母不要觉得陪孩子玩是在看孩子，因为游戏是需要身份平等的，如果父母不能放低姿态，就无法进入孩子的世界。如果家长在下班后只知道捧着手机刷剧，或者坐在电脑前打游戏，那又如何要求孩子不要有样学样呢？

独生子女本就孤独，他们比多子女家庭的孩子更需要陪伴。亲子间的游戏时光是同龄人无法给予他们的。因此，独生子女的父母一定要抽出固定时间陪伴孩子，不要让孩子觉得家只是冷冰冰的房间。

多子女家庭

多子女家庭的父母，其实不必非要安排出固定的亲子时间，这类家长要做的，更多是以大朋友的角色，引导孩子们共同玩耍，并且在玩耍中互相增益、彼此学习。

因此，多子女家庭的家长在安排游戏时，可以让孩子做手足游戏，也可以全家做亲子游戏，亦可以将手足游戏与亲子游戏组合起来。

如果孩子们年龄差距较小，可以让孩子们聚在一起自行游戏，父母只在一旁引导即可；如果孩子们年龄差距较大，可以随机组合成"爸爸 + 小宝""妈妈 + 大宝"等组合，也可以组成"爸爸妈妈 + 大宝""爷爷奶奶 + 小宝"等组合。

☆手足游戏

手足游戏可以设置成涂鸦、拼图、找茬游戏等，这些游戏可以为孩子们提供绝佳的社交能力发展机会，更能促进孩子间的情感交流，享受共同的家庭规则，培养手足间的默契。

目前，有相当数量的研究证明，多子女家庭的孩子们能通过游戏培养与兄弟姐妹交往的认知技巧，从而在步入校园、社会时更多地展现出"亲社会"的一面，这其中包括懂得换位思考、懂得情感交流、懂得解决问题、懂得调节情绪等。

☆亲子游戏

全家人一起参与的游戏，注定是丰富多样的游戏。有一个很简单的游戏，是调节亲子关系、活跃家庭气氛的好游戏——海盗桶游戏。

准备一些海盗桶、鲨鱼嘴、鳄鱼嘴之类的小玩具（市面上有售），大家依次插入宝剑或按下牙齿，当按到特殊键时，海盗桶叔叔就会弹起，鲨鱼嘴、鳄鱼嘴就会关闭。这种游戏趣味十足，很适合家庭亲子游戏。但家长需要注意，选择此类玩具时一定要选择质量好的，以免在玩耍过程中让孩子不小心受伤。其他如"捉迷藏""骑大马"之类的游戏，也是很好的家庭游戏。

温馨小提示

在游戏过程中，父母需要多给孩子一些时间。虽然跟孩子一起游戏是加入到孩子世界的好方法，但孩子独处时，会有更多的感悟与体会。这就要求父母陪孩子游戏时，不要顺理成章地替孩子做决定，要给孩子独立思考的时间。

有些爸爸妈妈会觉得，我要一点一点地"调教"，孩子才有变得更好的可能，殊不知，孩子在游戏的间隙中独自摸索，才能体验到珍贵的情绪。

加入孩子的世界，并不意味着侵占孩子的世界；如果一味体贴陪伴，反而会让孩子丧失想象力与创造性。家长朋友们要做的，就是让孩子明白，在游戏中学习是一件很有趣的事情。

家长游戏心得：

4.从主导到跟随，你的孩子在成长

游戏力的重点，说白了就是在主导孩子与跟随孩子之间寻找一个平衡点。主导孩子，是家长要为游戏制定规则，要让孩子明白规则的重要性，同时还要在预见危险的情况下，对孩子的行为进行指导；跟随孩子，是不要剥夺孩子的创造力与想象力，不要把孩子调教成一个"小机器人"。

主导和跟随孩子，都是游戏力不可缺一的方式，我们先看主导孩子层面：

☆场所主导

随着生活水平的不断提高，一些家长会在空闲之余，带孩子去些游乐场、嘉年华，甚至游戏厅之类的地方。可这些地方环境嘈杂混乱，又容易出现不可预知的危险，所以家长在选择游戏场所时，可以主导孩子，选择沙滩、矮山、公园、植物园这样的户外场所，或图书馆、兴趣班、画展等室内场所。

图书馆不仅有各式各样的书籍，还会有流体画、扎染、软陶等手工活动。家长抽出时间陪孩子去图书馆，可以让孩子养成看书的习惯。当然，主导孩子去合适的游戏场地，关键还是看家长能不能坚持，如果家长自己也想去游乐场或游戏厅，那孩子也不会愿意静下心来看书的。

☆情感主导

当孩子处于被动局面而情绪低落时，父母应当及时为孩子梳理情绪，让孩子能够放开手脚尽情游戏。如果孩子不愿意接受他人关怀，父母要找到孩子产生这类情绪的原因，不要直接斥责孩子的行为，要从根本上解决这类问题。

☆勇气主导

父母要学会在孩子背后轻推一把，这个轻推一把，是为了培养孩子的勇气。有些孩子不能离开父母半步，而且不敢尝试冒险的事物。这时，家长要设计一些稍有冒险但安全的游戏，这类游戏不用太难，要让孩子树立信心，这样才能有勇气尝试下一个游戏。适当的挑战能为孩子带去推动力，让他们尝试之前不敢尝试的新事物。

☆沟通主导

随着孩子年龄的增长，他们会有自己的秘密，也会有一些隐晦的需求。这些需求他们不会直白地告诉父母，所以，父母要通过孩子的言行来了解他们内心的感受。这种沟通主导体现在孩子在游戏中做错事时，父母不要呵斥孩子，要先给孩子一个拥抱，然后让孩子说出自己的想法与反思。

在了解主导孩子的方法后，我们再来看看怎样跟随孩子。

☆语言主导

父母要学会说"好啊"，而不是"不行"。

跟随孩子，意味着让孩子学会主导自己。当他们想玩某种游戏时，家长朋友们不要因为"衣服会脏""家里会乱"等原因而说"不行"，而是要热情地告诉孩子"好啊！"

其实，这一项说起来容易，做起来却不简单。孩子的世界是单纯而快乐的，他们经常会提出一些"无厘头"的要求，比如"妈妈，我们用泥巴给爸爸做晚饭吧？"对于这种要求，大部分家长都会下意识地否定。但其实，我们只要用"好啊"做开头，再适当提出一些建议，比如"好啊，你来帮妈妈做晚饭吧？"这样既满足了孩子想要"做饭"的要求，又可以培养孩子的动手能力，毕竟父母的支持与跟随对孩子来说就是最好的鼓励。当然，规则对儿童来说是绝对必要的，如果这个游戏真的存在危险，家长需要告诉孩子为什么危险。

☆做他们想做的事情

很多父母觉得孩子跟自己不亲密，其实，孩子心里也会觉得父母不理解自己。为什么？因为我们对孩子说"我不想一起玩"时，可能是因为疲倦或忙碌，但孩子听到的意思，却是"我不想进入你的世界"。久而久之，孩子就会跟父母产生隔阂，也会经常拒绝父母的要求，把自己的世界跟大人的世界划分了界线。

根据研究表明，越能加入孩子游戏世界的家长，其子女就越能表现出合作的精神。因此，家长朋友们可以在游戏前多做些准备，让自己成为游戏的积极参与者。当然，家长也要做好另一种准备，因为孩子很喜欢不厌其烦地重复一件事情，比如观察蚂蚁、过家家、搭积木等。孩子会在重复中获得成长，因此家长尽量跟孩子一起重复参加游戏，这样才能鼓励他们从中收获成长、总结经验。

☆在保证安全的情况下不要过度担心

现如今，很多家长朋友们都担心孩子的安全问题，但我们一定要把"危险"和自己的"恐惧"分开。比如有些家长怕孩子被海浪卷走从而发生意外，所以从来不带孩子去海边；有些家长害怕孩子遇上坏人，所以不让他们自己坐车出远门。其实，这些大部分都是家长自己的恐惧，而不是真正的危险。

我们可以停下来，告诉孩子在海边不能乱跑，玩的时候要跟家长打招呼；我们可以再三叮嘱，跟小朋友出门的时候不要走到马路上，不要在停车场玩，不要去没人的地方。但是我们不能为了保证孩子的安全而扼杀他们的判断力与眼界开放程度。在保证安全的情况下，我们可以适当放孩子们独立玩耍，这样更能促进孩子的成长。

总的来说，在游戏中跟随与主导孩子，要做的就是放下手中的事务，抽出时间加入孩子的游戏。这一点说起来容易，但做起来却并不那么简单。父母能做到每天给孩子留出一点家庭游戏时光，就是很了不起的事情了。尝试着主导孩子，跟随孩子、我们就会发现，其实孩子的世界真的很美妙。

家长游戏心得：

----

5. "幼稚" 的孩子

"宝宝，别的小朋友想当班长和小组长，你想当什么呀？"

"妈妈，我想当仙女。"

相信很多家长都有这样的感受，为什么别人家的孩子都很懂事，既有目标又有理想，可自己家的孩子却有很多奇怪的问题，甚至还有一点幼稚。

现在，很多父母都觉得幼稚是低智商、低情商的代名词，觉得孩子表现得太过天真，就无法在竞争激烈的社会跟上同龄人的步伐。但是，将幼稚跟"双商"低划等号，这原本就是个错误的想法。即便孩子成熟得稍慢，也只是个体性格问题，根本上升不到"双商"层面。何况孩子表现出来的"幼稚"不但不是"头脑简单"这样的缺陷，反而是一种珍贵的品质。

☆幼稚的孩子创造力更强

一些孩子很喜欢拉着父母玩沙土、堆城堡。其实，这是很有创造性的游戏，而且能培养孩子的空间想象力和创造力。有些父母会觉得堆沙子对孩子的成长毫无用处，殊不知，这种在父母眼中的幼稚游戏反而会让孩子的数学成绩突飞猛进。

这并非是耸人听闻。我们都知道，高中知识相比小学、初中而言，要更具拓展性和发散性，一些在小学、初中学习成绩很好的孩子，到了高中为什么学习成绩会下降？就是因为他们的想象力和发散思维没有获得匹配性增长。而诸如堆沙子类的游戏可以帮助孩子丰富形象思维，在孩子脑海中建立空间几何模型，甚至能重现物理场景。

每一个孩子都该有"天马行空"的想象力，只是大部分孩子的想象力都被家长"约定俗成"的"好好学习"给束缚住了，而那些做着"幼稚"游戏的孩子们却在游戏中拓展了自己的想象力，增强了创造力。

☆幼稚的孩子感受力更强

有些孩子，尤其是有些小女孩，天生就比普通孩子更敏感多思，也更加善良。

比如在堆雪人时，如果小朋友把雪人的鼻子打掉了，她们会觉得雪人很可怜，也会心疼地抱抱雪人，叫其他孩子们不要把雪人弄痛。如果这时候家长告诉孩子"傻孩子，你怎么这么幼稚呢？雪人哪里会痛呢？"孩子柔软的感受力、觉知力就会被剥夺，步入社会后，孩子也不会换位思考，由己及人。

其实，成年人的社会就是缺少了一些感受力，缺少了一些对生命的敬畏。孩子一些幼稚的言论，反而包含着一种敬畏的智慧。很多家长认为，让孩子看太多童话故事，会让孩子变得幼稚、浅薄，甚至超现实。但童话的魅力就是让孩子在情节体验中提升自己的感受力，让情感更加丰富。

☆幼稚的孩子心地更纯净

很多幼稚的孩子都是童年被保护得较好的孩子，这是一种恩赐，也是父母给予孩子的一种天赋。这种天赋为孩子带来的好处其实远超过那些早熟的孩子。

如果孩子有着跟年龄不匹配的成熟，那么他一定有与同龄人不同的经历。俗话说，"三岁看大，七岁看老""七岁看八十"，这些话虽有夸张成分，但孩子在童年时期的经历的确会伴随他们一生。

早熟的孩子，也就是家长口中懂事的乖孩子，长大后容易养成讨好型人格，或者更擅长利用各种关系并在其中周旋。这并非不好，但孩子会因此活得太累。

很多孩子在长大后都觉得自己不快乐，追其原因，就是因为他们在很小的时候，就已经没有做过"孩子"了。讨好型人格的人，不知道怎样讨好自己，也不知道怎么爱自己，这对孩子来说是一件很悲哀的事情。过早学会圆滑和世故的孩子会逐渐丧失单纯，也更容易对世界产生怨气、失望甚至憎恶。

而那些真诚、单纯、善良的人，其实也是做"孩子"时间较长的人，他们会在幼稚中保留一个人在生命之初的宝贵。

孩子幼稚并不可怕，可怕的是家长不想让孩子做"孩子"。当我们被社会磨平棱角、忘记本心时，反而更该注意孩子的幼稚可贵。

在时间面前，我们都是孩子。如果家长觉得自己无法理解孩子的幼稚言行，那不妨停下来试着读懂孩子，也许就能理解那些纯真的快乐与美好。

家长游戏心得：

3

给梦一个翅膀，让孩子的世界天马行空
——锻炼想象力

1.缤纷世界小游戏，培养宝宝的色彩感

适龄儿童：0～1岁宝宝

看到色彩被归类为"0～1岁"时，相信很多家长朋友都有这样一个疑问，"我家宝宝还不会说话，不会拿画笔呢，他能分得清什么东西是什么颜色吗？"

其实，宝宝在4个月左右时，就可以区分不同的颜色啦！

6个月～1岁的宝宝正处于准确接收外界信息的黄金时期，他们的好奇心更强，也更喜欢看鲜艳的色彩。不少家长朋友都有这样的经历：拿起一件色彩鲜艳的玩具左右摇摆，宝宝的眼睛会跟着玩具快速转动，如果换一件色泽很浅的玩具，宝宝通常不会有太大兴趣，除非这件浅色玩具是他平时的最爱。

色彩对宝宝来说，其实是一种不可抵挡的诱惑。色彩可以激发宝宝愉快的体验，也能满足他们探寻世界的好奇心。有意识地培养宝宝对色彩的感知能力，也能帮助宝宝形成良好的性格，促进他们的智力发展。

因为在人类的各类知"感觉"中，视觉是占主导地位的。所以，在宝宝色彩感知发育的黄金时期，培养宝宝对色彩的敏锐度，引导宝宝对色彩的辨认知觉度，就能让宝宝对新事物产生渴望，还能让宝宝的性格变得更加热情开朗。

根据儿童心理研究来看，色彩敏锐度较高的宝宝在成长过程中更擅长交际，表达能力和观察能力也更强。所以，有意识地培养宝宝的色彩感知力，对宝宝的智力和性格都有重要意义。下面，我们就跟随宝宝一起开启色彩世界的大门吧！

●游戏准备

各类色彩卡

相同颜色的实物

色彩绘本

小型收纳箱若干

●游戏步骤

步骤1：选择色彩对比鲜明的物品，如彩虹绘本，相同颜色摆放在一起，让孩子理解颜色归类。

步骤2：将收纳箱分成若干类，分别在这些收纳箱中放置一些相同颜色的物品。

步骤3：引导孩子抓住物品，如抓住金桔，放入黄色收纳箱中，抓住红色色卡，放入红色收纳箱中。

温馨小提示

在选择物品时，尽量选择生活中常见的小物品，在进行游戏时家长一定要注意宝宝的举动，不要让宝宝误吞小物品。

绝大部分宝宝在此阶段并不会独立进行色彩分类哦，我们要做的只是让宝宝有一个敏锐的色彩意识。所以，家长朋友们在这一阶段要表现出强大的耐心。

☆欢乐时光

楚楚妈妈拿着一颗剔了核的樱桃在楚楚面前晃了晃,楚楚的眼睛盯着樱桃"咯咯"直笑。妈妈又拿出一根黄澄澄的香蕉,在楚楚面前晃动。

楚楚扫了一眼香蕉,脸上是若有若无的不屑神态,她立刻又把目光投到樱桃上,还伸出手"咿咿呀呀"地叫了起来。

楚楚妈妈锲而不舍地将香蕉拿到楚楚面前:"宝贝,你看这个香蕉是什么颜色?"

这回,楚楚连看都没看一眼,只是直勾勾地盯着妈妈手中的樱桃。

妈妈笑着说道:"看来,我们楚楚还是更喜欢红色啊。"

说完,妈妈又拿了一只红色的苹果对着楚楚晃了晃,楚楚敏锐地盯着妈妈手中的苹果,然后眼睛在苹果和樱桃两边滴溜溜地转着,似乎不知道该看哪个好了。

妈妈将樱桃和苹果放好,又重新拿起了香蕉和香蕉旁边的芒果:"楚楚,宝贝,你看这两个颜色多相似啊,它们都是黄色,黄一色,对嘛?你看。"

在妈妈的诱导下,楚楚终于将目光移到香蕉上面,然后来回打量比对香蕉和芒果,似乎对黄色的东西也有了点兴趣。

过了一会儿,妈妈又拿来了一个枇杷,跟香蕉和芒果放在一起,让躺在床上的楚楚能够清晰地看到这三个黄色的物品。

如此反复五分钟后,当妈妈拿起香蕉时,楚楚的目光会下意识地看向枇杷和芒果,当妈妈拿起樱桃时,楚楚也会看其他红色的东西。

看着楚楚可爱的样子,妈妈开心地笑了。

☆游戏目的

1. 激发宝宝的色彩意识，培养色彩感知力；
2. 培养宝宝的归纳能力；
3. 促进宝宝视觉敏锐度。

☆成长记录

您的孩子完成游戏的情况如何呢？

请在下面方框内打"√"或"×"，并填写游戏心得。

您能意识到宝宝最喜欢的颜色是什么吗？ ☐

当您拿起宝宝喜欢的颜色，宝宝会给予反应（如大笑、伸手）吗？ ☐

当您拿起一个物品时，宝宝会下意识地看该颜色的收纳箱吗？ ☐

家长游戏心得：

2.搭积木，每个梦王国都需要一座城堡

适龄儿童：3～6岁宝宝

著名的德国哲学家黑格尔曾说："创造性的思维，需要丰富的想象力。"

培养孩子的想象力，不仅能提高孩子的写作能力，还能培养孩子的发散思维，在文科和理科方面都能打下良好的基础。

在家长看来，孩子的想象力或许很奇怪，或许很幼稚，但这些想象力都是能陪伴孩子一生的东西。当有人问"砖头都有哪些用途"时，或许有人会说"盖房子"，有人会说"垒猪圈"，有人会说修长城，但孩子给的答案一定是"砖头可以用来打坏人""砖头可以用来垫在脚下拿东西"等。这些想象力十足但又很正确的答案，就是成年人所欠缺的。

其实，对于孩子的教育和培养，相信每位家长都有自己独特的方式。有些家长注重孩子的成绩提高，有些家长注重孩子的综合素质，有些家长注重孩子的情绪培养。但不管家长的侧重点是什么，想象力都是不可跳过的一环。

有些家长朋友会觉得，想象力是孩子与生俱来的能力，不用花心思培养。实则不然，想象力不仅需要培养，还需要通过游戏的方式，帮助孩子进入一个五彩斑斓的世界。

对于渴求想象力的孩子来说，积木玩具是一定要有的。因为想象力属于大脑的活动，但若想真正将它落到实处，就一定要通过动手的方式，让孩子对想象力有一种获得感。积木作为需要想象力的玩具，同时又能培养孩子的动手能力，它包含的无数种变化，也能有效配合孩子的想象，让孩子的大脑指挥小手，创作出一些新事物。

搭积木的游戏，在将孩子的想象力转换成创作力方面有着不可替代的作用。因此，这款搭积木的小游戏是家长朋友们锻炼孩子想象力的最好游戏。

●游戏准备

大小不一的正方体、长方体、圆柱体、椎体和立体三角形等积木，种类尽量要多；准备若干小圆柱体，如果没有，平头牙签也可以代替。

●游戏步骤

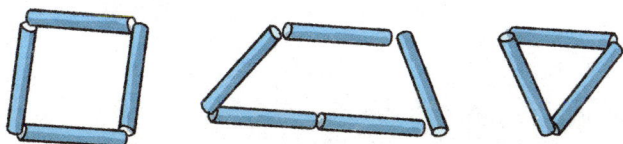

步骤1：让孩子使用小圆柱体拼成正方形、梯形、三角形等。
步骤2：由家长引导，让孩子明白几种形状的特点。

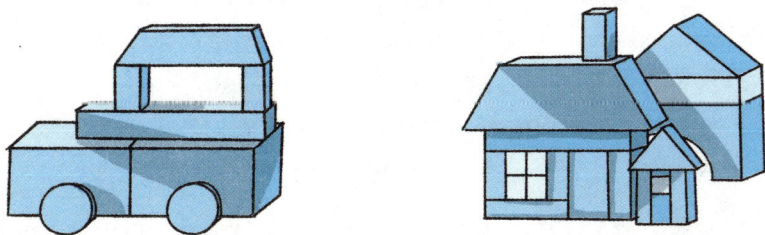

步骤3：由家长引导，使用积木拼装成各种建筑、汽车等。
步骤4：让孩子自由想象，自己创造各种新事物。

温馨小提示

搭建积木时要注意选择圆润的积木，避免毛刺伤到孩子；家长要适当引导，这样才能达到寓教于乐的目的。

☆欢乐时光

"小辉，你刚才跟妈妈说，最稳定的形状是梯形对吗？"小辉妈妈拿着一些小木棒问道。

"是呀，妈妈，梯形头小，身子大，它站得最稳！"小辉得意地解释道。

"小辉真厉害，"妈妈赶紧说道，"你说的不错，头小身子大，就能站得稳。但是，最结实的形状可不是梯形哦！"

"啊？那是什么形状？"小辉立刻提起了好奇心。

小辉妈妈把小木棒拿来："这个嘛，就需要小辉自己发现了。"

在妈妈的引导下，小辉用小木棒拼出了正方形、长方形、三角形、菱形和他最喜欢的梯形。看着一桌子的形状，小辉问道："妈妈，我们要怎么证明，梯形不是最结实的呀？"

妈妈自己拼了一个正方形，然后用手轻轻一捏，正方形立刻变形了。

"哎呀妈妈，它变成菱形了！"小辉喊道。

"是呀，看，小辉，这个正方形就是不结实的，"小辉妈妈说道，"来，小辉也试一试，看看哪个形状最结实。"

小辉点点头，挨个试验起了这些形状。

突然，小辉说道："哎呀，妈妈，这个梯形一下就被我压扁了，三角形好像是最结实的！"

小辉妈妈赶紧夸奖道："小辉真棒，不错，三角形就是最结实的，所以埃及的金字塔也建造成了立体三角形。下面，我们来玩儿积木好吗？"

"好！我最喜欢积木了！"小辉立马同意了。

妈妈拿出积木箱，把里面的积木倒出来："今天我们要搭个什么呢？"

"三角形最坚固，我要用这个三角形当最下面的形状！"

"小辉，立体三角形虽然是最坚固的，但是把它放在最下面，就变成了身子小头大，重心就会不稳了，对吗？"妈妈说道。

小辉把立体三角形放在最下面，结果上面的积木果然都倒了。

"噢！妈妈，我明白了，这个三角形虽然是最结实的，但要是搭房子，还是要把最大的积木块放在最下面呀！"小辉恍然大悟。

☆游戏目的

1. 让孩子明白最稳定的形状是三角形，并了解其他形状的特点；
2. 让孩子明白搭建东西时根基要大要稳，不能头重脚轻；
3. 培养孩子勤于思考的习惯，激发孩子的想象力与动手能力。

☆成长记录

您的孩子完成游戏的情况如何呢？

请在下面方框内打"√"或"×"，并填写游戏心得。

游戏结束后，您的孩子能理解各个形状的特点吗？ ☐

您的孩子能使用积木，独立地创造出新造型吗？ ☐

玩积木时，孩子能将各个形状的特点运用到积木搭建中吗？ ☐

家长游戏心得：

3.联想游戏，快看天上那朵"棉花糖"

适龄儿童：3～6岁宝宝

关于孩子的联想力，有些人是这样形容的：联想力之于孩童，就像细胞之于生物一样重要。这并非夸张之词，因为人类的大部分发明创造都得益于联想。比如阿基米德检验王冠的真假时，就是使用了洗澡水溢出的方法。

联想能力是想象力的一大关键，而培养孩子联想力的关键，就是带着他们走到户外，多接触新鲜事物、广开眼界。如果只是呆在家里、坐在书桌前，那孩子的身体素质不但会下降，其思维也会固化在小小的房间中，这对孩子上到高中后处理理科问题也没有裨益。

因此，家长朋友们要经常带着孩子参加户外活动，让他们可以多接触新鲜事物，如果孩子不想外出，家长可以根据孩子的喜好，带他们去儿童乐园、植物园或动物园等地，童话与大自然的氛围，都是激发孩子联想力的好地方，而且还能为孩子留下珍贵的童年回忆。

所谓联想，就是让孩子通过某个物体或某人某事，联想起与其相关的其他事物。若想培养孩子的联想能力，就要拓展他的思路，每当碰到一个事物时，都要想到跟它相近、类似或相反的事物有哪些，这个物质是否能找到替代品等等，这样才能收获更好的联想效果。

与孩子联想能力相关的，就是他们的想象力，联想力就是通过某一事物发挥自己的想象力，然后发现或创造出一个新事物来。就像爱因斯坦说的："想象力比知识重要，因为知识是有限的，而想象力却是无限的，它会推动知识的进化。严格来说，想象力是科学研究中的实在因素。"

人类的伟大创造都是从想象力开始的，如果家长觉得孩子想象力较弱，那可以先从引导孩子看科幻儿童读物、科幻动画等作品开始，引发孩子对想象的兴趣。在科学史的发展上，很多科学家都是在孩童时期对科幻作品产生浓厚兴趣，继而影响了他们以后作为的。

诺贝尔物理学奖获得者李政道曾说："看书的面要广，年轻的时候要对什么都感兴趣，要敢于提出问题。"可见，家长要引导孩子、激发孩子的想象力，让孩子在联想过程中学到知识，这样才能让孩子在未来的人生中学有所成。

而下面这个联想游戏，就对开发孩子的想象力十分重要。

●游戏准备

纸

户外环境

画笔

●游戏步骤

步骤1：由家长引导孩子，到户外观察云朵和花草等；家长和孩子一起说云朵花草等物像什么。

步骤2：孩子用纸、笔将观察到的东西画在纸上，并加入其他元素将画作丰富起来。

温馨小提示

在玩联想游戏时，家长朋友们要注意把简单的联想事物，如"白云像棉花""白云像棉花糖""白云像白兔"等留给小朋友说，自己要说些更有难度的，比如"白云像白色的骏马"等。这样能提高孩子的想象水平，让孩子的答案努力与大人接近，也能避免孩子因想象力"枯竭"而对联想游戏丧失兴趣。

☆欢乐时光

"梦梦妈妈，你看天上那朵最大的云彩，像不像一朵白色的大蘑菇？"梦梦爸爸指着天上的云朵说道。

"还真有点像，梦梦觉得像什么？"妈妈问道。

"我觉得，像一大块棉花糖！"梦梦开心地说道。

妈妈笑着说："不错不错，比爸爸说的好，那我们比一比，看谁说的最多好吗？谁说的最多，妈妈就给谁颁发一支冰淇淋。"

"好！妈妈，云朵很像冰淇淋！"梦梦率先说道。

"真棒，给梦梦加一分，梦梦现在有两分啦！"妈妈鼓励道。

"嗯，这朵云像被我揉成一团的卫生纸。"爸爸说道。

梦梦和妈妈都笑了。

梦梦说道："这朵云像一只大大的兔子。"

妈妈看着梦梦会用形容词来联想了，心里很高兴："真棒，梦梦三分啦，3比2领先爸爸！"

爸爸想了想："这朵云，像一只胖胖的小白猪。"

"这朵云，像一只躲起来的小白猫！"梦梦也学着爸爸的思维方式说道。

"梦梦的形容真棒，妈妈觉得很像！"妈妈笑着说道。

"爸爸想不出来了，唉，梦梦赢啦！"爸爸也笑着说道。

"太棒啦！"梦梦拽着妈妈的衣角，"快给梦梦买冰淇淋吧，我要像云朵一样的冰淇淋！"

☆游戏目的

1. 通过观察云朵、花草等物，培养孩子的观察力；
2. 培养孩子丰富的想象力；
3. 带孩子感受绿树红花、蓝天白云，感受大自然的魅力。

☆成长记录

您的孩子完成游戏的情况如何呢？

请在下面方框内打"√"或"×"，并填写游戏心得。

您的孩子能说出五个或以上的联想物吗？ ☐

您的孩子说出的联想物，会变得越来越高级吗？ ☐

孩子会主动要求跟您一起玩联想游戏吗？ ☐

家长游戏心得：

4.沙画，感受色彩缤纷的世界

适龄儿童：3～6岁宝宝

沙画，顾名思义，就是让孩子学会用沙子画画。

与纸、笔不同，沙画更具流动性，也更容易修改。就像这个世界上没有两片完全相同的雪花一样，世界上也不存在两幅完全意义的沙画。孩子在绘制沙画时，家长可以引导孩子一边感受沙画神奇的底蕴，一边锻炼孩子的各项能力。

不管哪种艺术形式，跟想象力的多少都是密不可分的，沙画也是如此。它能有效促进孩子对大自然的感受能力，因为不少孩子，尤其是城市里的孩子，他们见惯了干净的空间，却忽略了沙子这样富含大自然韵味的东西。沙子是固体的，但在沙画中，它又是流体的。在这种极易掌握却变化无常的游戏里，孩子的想象力最容易被激发出来。沙画这种游戏不仅能培养孩子的想象力、开发孩子大脑、促进思维发育，还有其他很多好处。

首先，孩子在绘制沙画的过程中，可以有效释放自己的情绪。孩子可以将情绪释放在沙子中，这种直观的排解方式能让孩子远离焦虑、不安和抑郁，培养孩子坚韧柔和的性格。

其次，沙画可以培养孩子的自制力。现如今，不少孩子都被时代感染得浮躁。他们很难静下心来专注于某件事。但沙画可以让孩子们静下心来进行创作，这也对孩子以后的自制力培养有重要的作用。

再次，沙画可以锻炼孩子的左右手协调配合能力。沙画与常规画不同，它需要孩子同时使用两只手操作，这对于大脑尚未发育完全的孩子来说，具有很好的协调作用。

最后，沙画可以增强孩子的艺术修养，让孩子运用想象力，萌生自信心与自豪感，这对孩子的心理成长是大有裨益的。

在这个世界上，没有哪个孩子是不聪明的，他们表现出来的不聪明，只是儿童时期的某项能力没有完全开发。因此，让孩子在沙画中"玩"，在"玩"中"学"，在"学"中"感悟"，在"感悟"中"乐"，就是一个逐步开发孩子能力的过程。

下面我们就来一起制作沙画，让孩子在轻松愉快的氛围中，做到会学、乐学、有创造性地学。

● 游戏准备

绘制沙画的用具

● 游戏步骤

步骤2：让孩子感受手中的细沙，并由家长引导，让孩子绘制简单的图案；由孩子讲解所绘图案的意义。

步骤1：将沙画场地与用具备好，放一首舒缓的音乐。

温馨小提示

在玩沙画时，家长要为孩子制定规则，不要将沙子扬到别的小朋友身上，要注意沙画现场的安静，不要大声哭闹、大声喧哗。家长朋友们也要注意，打电话或交谈时压低声音，绘制沙画时专心致志，这样才能给孩子起到榜样作用。

☆欢乐时光

"妈妈，这些人是在用沙子画画吗？"豆豆好奇地问道。

"是呀，豆豆，是不是很漂亮？"妈妈笑眯眯地说道。

"妈妈，他们用的就是我们平时踩在脚底下的那种沙子吗？"豆豆觉得很神奇。

"是的。"妈妈肯定地说道，"豆豆想不想试一试？"

"当然想！"豆豆开心地说道，但是转念一想又有些灰心，"但是我怕我画不好。"

妈妈赶紧说道："怎么会呢，只要豆豆用心画，就能画出最漂亮的沙画。妈妈也是第一次玩沙画，我们一起试试吧？"

豆豆开心地跟妈妈来到沙画场地，感受着手中细腻的沙子，豆豆很开心，还有种想把沙子扬起来的冲动。

妈妈压低了声音，叮嘱豆豆说："豆豆还记得前两天被沙子眯眼睛吗？沙子进到眼睛里、头发里是很难受的，豆豆想让别的小朋友难受吗？"

豆豆赶紧放下手中的沙子，也学着妈妈低声说道："放心吧妈妈，我会保护小朋友们的。"

"豆豆真棒。你想画个什么呢？"妈妈笑着鼓励道。

"我要画个狮子。"豆豆想了想，用左右手一起，一边画狮子的圆脸，一边画狮子的身体。虽然他画的并不像狮子，但豆豆还是一本正经地低声解释道："这是狮子的脸，这是狮子的胡子，这是狮子的尾巴……"

画好后，豆豆跟妈妈开心地笑了，在现场柔和的音乐里，豆豆把沙子重新打乱，笑着说道："妈妈，现在我要画一条小鱼！"

☆游戏目的

1. 培养孩子的创造能力和想象力；
2. 帮助开发孩子的发散思维；
3. 协调孩子的肢体动作；
4. 让孩子学会释放情绪。

☆成长记录

您的孩子完成游戏的情况如何呢？

请在下面方框内打"√"或"×"，并填写游戏心得。

您的孩子在沙画现场能够保持安静吗？ ☐

创作沙画时，孩子并非漫无目的地乱画，而是有目的地绘制？ ☐

您的孩子能从沙画中获得独特的感受吗？ ☐

家长游戏心得：

5.手影游戏，老鹰兔子与狗

适龄儿童：3～6岁宝宝

有一个传统的游戏，这个游戏年代久远，几乎不需要什么道具，也没有什么难度，没有什么危险，但时至今日，仍然每个孩子一玩起来都会兴奋不已。复古小游戏，几乎每个孩子一玩就会兴奋到尖叫，这个游戏就是——手影游戏。

在1岁半时，孩子就可以通过手影的变化，对形状和光源有个大概的意识；3岁左右，孩子就可以循序渐进地进行手影游戏了。

手影游戏不挑年龄，从3岁孩童到成人、老人都可以做。手影游戏能锻炼孩子的手指小肌肉群，提高其灵活性和控制能力，更能丰富孩子的想象力、培养孩子的创造能力、开发孩子的智力。

在玩手影游戏时，家长还可以编排一些诗歌、故事等，这样不但可以增加游戏趣味，还能增强亲子间的互动，帮助宝宝提高语言表达能力和表演能力。而且，手影游戏还可以当成亲子间的睡前游戏。

在手影游戏中，一直有"像不像，三分样"一说，这是因为手影剪影并没有那么形象，甚至有些动物的造型是很抽象的。这就需要孩子拥有强大的想象力，同时还要有一定的联想力和理解力。而且，玩手影游戏并不像沙画那样，需要固定的场地和复杂设备，它只要有灯光，就能够通过手势的变化，做出兔子、乌龟、狼等影子，既简单又有趣。

手影游戏不但能发展孩子的听、说等感官，还可以通过发展手部肌肉群，有效开发孩子的右脑，促进左右脑协调发展。

下面我们就来一起进行这个有趣且有意义的游戏吧。

●游戏准备

手电筒、蜡烛或台灯；相对黑暗的场所

●游戏步骤

步骤1：由家长引导孩子，提问影子是怎么来的；做一些简单的手影，让孩子猜猜像什么。

步骤2：让孩子自己创造一些手影，并介绍自己做的是什么；将孩子做出的手影编成简单的诗歌，比如"小猫咪，喵喵喵""小羊羊，要吃草""小乌龟，慢慢爬"等。

温馨小提示

做手影游戏时，家长要先教孩子几个简单的手影，这样能激发孩子的兴趣，也能给孩子创造手影时提供一些启发。

☆欢乐时光

周六晚上，小光躺在床上不愿入睡，妈妈想了想，对小光说道："小光，你知道我们的影子是怎么来的吗？"

"嗯……是黑色塑料袋变的。"小光认真地说。

"不对哦。如果是塑料袋变的，那我们应该能摸到影子，但事实上，我们是摸不到影子的，对吗？"妈妈说道。小光想了想，点点头表示同意。

妈妈继续说道："小光，其实，有光的地方才能产生影子，影子就是光照在我们身上，然后被我们身体挡住的部分。你看，如果我伸出手，光就被我的手挡住了，照不到的地方就变成了阴影，就是我们说的影子。"

小光歪着头想了想，表示自己明白了。

妈妈笑着把灯关上，然后拿出一支手电筒来："小光，你看，妈妈给你变一只小兔子出来。"说完，妈妈就借着手电的光，在墙上打出一只小兔子的手影。

"哇，妈妈，墙上有一只小黑兔，真可爱！"小光惊喜地说道。

妈妈笑着说道："有一天，小兔子出门找吃的，它找呀找呀，突然，天上飞来一只老鹰——"说完，妈妈又做出老鹰的手影，让小光惊喜地模仿起来。

"老鹰想吃掉小兔子，但是小兔子跑得很快，它来到了一个池塘边——"妈妈帮着小光用手做出了兔子的手影，而自己则做了乌龟的手影。

"小兔子，你有什么事情呀？"妈妈问道。

"乌龟先生救命呀！"小光配合地说道，"有一只超级超级大的老鹰要吃我！"

"老鹰在哪里呀？"妈妈问道。

小光立马做出了老鹰的手影："我要吃掉小兔子！兔子在哪里？"

妈妈说道："快，小光，你还能做出什么动物？"

小光想了想，把手弯曲起来，做成一只蚯蚓："妈妈，你看，是蚯蚓！"

妈妈点头，又做出老鹰的手影说道："原来是蚯蚓啊，小兔子去哪里啦？"

小光说道："老鹰呀，小兔子回去睡觉啦，你明天再来吧。"

"好吧，"妈妈做出的老鹰的手影逐渐飞远了，她笑眯眯地说道，"老鹰、小兔子、乌龟先生和蚯蚓都要睡觉了，小光也睡觉吧？"

小光开心地点点头，在妈妈的安抚下，小光很快进入了梦乡。

☆游戏目的

1. 让孩子知道，有光源的时候，物体就会产生影子；
2. 激发孩子的想象力和联想能力；
3. 通过自己研发手影，培养孩子的创造能力；
4. 帮助孩子训练表达能力，让孩子的表达更流畅。

☆成长记录

您的孩子完成游戏的情况如何呢？

请在下面方框内打"√"或"×"，并填写游戏心得。

您的孩子知道影子是如何产生的吗？ ☐

您的孩子能联想到手影对应的动物是什么吗？ ☐

在您示范手影后，孩子能自主创造新的有趣的手影吗？ ☐

家长游戏心得：

6.七巧板，手中创造小世界

适龄儿童：3～6岁宝宝

随着教育理念的不断进步，家长朋友们的观念也日益科学。从前，大部分家长朋友会把"育儿"理解为"照顾孩子的生活"。但是，只满足孩子的生理需求，让孩子不挨饿、不受冻是不够的，因为孩子的精神世界跟他们的物质需求同样重要。

丰富孩子的精神世界并非是照本宣科，给孩子灌输各种诗词和公式，而是要通过一系列益智游戏，让宝宝在体验到游戏乐趣的同时也接受智力方面的锻炼。

七巧板就是一个非常不错的益智玩具。家长引导孩子使用七巧板进行游戏，可以帮助孩子了解形状概念、分辨视觉、掌握认知技巧、促进手眼协调、开发视觉记忆、增强发散思维、增加想象力与联想能力，给孩子更多的创造机会。

七巧板并非现代玩具，古代时，七巧板就被用来开发幼儿的智力，让孩子将实物与想象力联系起来。这样可以有效培养孩子的想象力、观察力和形状分析能力，让孩子的创意与逻辑都能迎来巨大的发展空间。

七巧板可以帮助孩子学习基本逻辑关系，还可以让他们提前接触数学概念，帮助孩子认识各种各样的几何图形，甚至了解图形的周长、面积与勾股定理。

除了数学等理性能力锻炼外，七巧板还可以让孩子学会颜色辨别，引导孩子领悟图形的分与合，增强孩子的色彩感受力和动手能力。如果在使用七巧板做游戏的同时，家长朋友们跟孩子一起编些故事，还能增强孩子的语言表达能力与逻辑思维连贯能力。

下面我们就来一起领略一下"七巧板游戏"的魅力。

●游戏准备

七巧板

剪刀

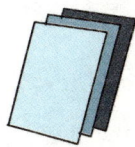

硬卡纸

尺子

彩笔

●游戏步骤

步骤1：和孩子一起仔细观察七巧板，交流制作方法；用尺子，剪刀配合硬卡纸制作七巧板，并让孩子用彩笔在每块七巧板上涂上他们喜欢的颜色。

步骤2：配合七巧板拼凑出几种图案，并让孩子说出来这是什么；让孩子自由发挥，独立创作。

温馨小提示

　　玩七巧板时，家长要有意识地引导孩子，激发孩子的想象力与创造力，并且通过编故事等方式，让孩子从游戏中收获知识。

☆欢乐时光

"米米，我们一起来做手工吧？"妈妈拿着白色卡纸、铅笔、剪刀和各色彩笔说道。

米米开心地说道："噢！妈妈，太棒了，我们来做什么？尼莫（《海底总动员》的角色）还是兔子先生？"

"米米，我们只要剪七个图形，就什么都可以做哦！"妈妈神秘地笑了。

米米露出一副不相信的样子，只见妈妈用铅笔在正方形的卡纸上画了十六个小正方形，又沿着一定的规律，分别剪出了一块正方形、五块等腰直角三角形和一块平行四边形。

米米看着七个图形一脸疑惑，只见妈妈笑眯眯地拿起图形，两三下就拼成了一个小狐狸，米米惊喜地叫道："哇！妈妈，是一只小狐狸！"

妈妈笑眯眯地说道："对呀，这是一只小狐狸，它跟妈妈说它想多找几个小伙伴一起玩，我们再拼几个其他的动物陪小狐狸玩好吗？"

米米开心地说道："当然好了，妈妈，我们要做什么小动物呀？"

妈妈用几块图形，很快拼成了一个老虎："米米知道狐假虎威的故事吗？"

"狐假虎威？是什么呀？"

妈妈笑着说道："就是狐狸假借着老虎的威风，让森林里的小动物都害怕它。狐狸骗老虎说'我是森林之王'，老虎不信，狐狸就带着老虎到森林散步，它们走呀走呀，老虎发现森林里的小动物都很怕狐狸，于是就相信了狐狸是森林之王，其实，小动物们真正害怕的是狐狸背后的老虎。"

"噢！妈妈，我知道了。"米米一副渴求知识的样子，"妈妈，你能给我做个尼莫吗？"

妈妈摸了摸米米的头："米米自己做一个尼莫吧，让妈妈看看米米做的尼莫好不好看。"

米米点点头，仔细思考了一下，拿出两个三角形将顶点拼在一起："妈妈你看，是小鱼尼莫！"

妈妈非常高兴："米米真棒！"

☆游戏目的

1. 通过七巧板让孩子认识各种形状，建立初步的空间观念；
2. 培养孩子主动沟通意识，体验有效沟通方法；
3. 培养孩子的思维方式，增强形象思维能力；
4. 培养孩子的想象力、创造力与发散思维。

☆成长记录

您的孩子完成游戏的情况如何呢？

请在下面方框内打"√"或"×"，并填写游戏心得。

您的孩子能准确认识各种形状吗？ □

孩子在使用七巧板时，能自主创造新形状吗？ □

在遇到问题时，孩子会主动向您请求帮助吗？ □

家长游戏心得：

4

游戏，其实能让您的孩子更专注
——培养专注力

1.拼图游戏，它们的共同点在哪里

适龄儿童：3～6岁宝宝

随着时代的进步，影响孩子专注力的事物也越来越多。除了手机、电脑等科技产品的影响外，其实父母、爷爷奶奶、姥姥姥爷等人也在无形之中破坏着孩子的专注力。

比如孩子正在房间里专注地画画，但奶奶一会儿过来问他饿不饿，一会儿过来给他塞个果冻，一会儿又问孩子想不想出去玩，热不热要不要开空调……其实，这些看似关心的活动，实际上却严重破坏了孩子的专注力，长此以往，孩子就会养成三分钟热度、做事磨蹭、心不在焉等坏习惯。

孩子的专注力并非天生就有，而是要靠后天培养的。在一个相对安静的环境下，让孩子能全身心地投入到一件事中，这是培养孩子专注力的好方法。

对孩子来讲，游戏就是提升孩子兴趣的最好方法。而所有游戏中，像拼图这样的游戏，更容易激发孩子的推理思考能力，并且促进手眼的协调能力，它能让孩子的挫折忍受度增强，并且增强孩子的专注力和观察力，培养孩子的耐心。

跟孩子一起玩镶嵌式拼图，再逐渐过渡到完整图案的切割拼图，能让孩子对图块的位置、颜色、形状等都有个初步的了解，在重组拼图时，孩子需要进行综合性的思考，并且让眼睛跟手相互协调，这样才能将拼图完成。

与成年人不同，成年人会策略性地拼装拼图，而孩子更多是靠自觉。大人会先拼四周的平边，而孩子却是随即抓取一块拼图寻找位置。这就注定了孩子拼图的过程是个不断试错的过程，而在家长朋友的引导下，孩子也会逐渐使用策略来进行拼图游戏，

当孩子静下心来进入拼图的世界时，就会学会持续、专注和耐心。当孩子完成拼图后，会因为成就感而收获自我肯定。

"拼图"是一种非常适合孩子的游戏，它能帮助孩子促进专注力的养成，还可以开发孩子的智力，让孩子从享受游戏中收获能力。

下面，我们就来开始拼图游戏吧。

● 游戏准备

一张完整图案的分割式小型拼图

● 游戏步骤

步骤1：准备一张难度较小的拼图。

步骤2：由父母带着孩子拼一部分，让孩子自己
独立拼剩余的部分。

温馨小提示

　　在选择拼图时，家长要考虑拼图的图案，不能太复杂，拼图的片数也不要太多，否则会影响孩子坚持下
去的兴致。家长不要高估孩子的能力，不要在孩子快速完成简单拼图后，就选择难度很大的中型甚至大型拼
图。虽然适当的挫折感可以培养孩子的受挫程度，但如果难度太大、挫折太大，就会让孩子丧失信心和兴致
，反而得不偿失。在引导孩子玩拼图时，家长一定要做到"引导"而不是急切地告诉他拼图的正确位置。相
比告诉孩子答案，让孩子自己去发觉拼图技巧才更有助于他们的思维培养。

　　在选购拼图时，家长朋友一定要注意材质与安全，避免劣质拼图的边角划伤孩子手指，也避免劣质油料
损害小朋友健康。

☆欢乐时光

涛涛看着妈妈手里五光十色的小碎片，眼睛里都冒出了星星。

妈妈笑着展开一张大图纸，是一张非常精美的《超级飞侠》海报："涛涛，你看，这是你最喜欢的《超级飞侠》。可是，现在它碎成一块一块的了，我们来一起帮它拼好，好吗？"

涛涛顿时摩拳擦掌："太好了！妈妈，我们应该怎么做？"

妈妈拿出的拼图是一共二十块的简单拼图："涛涛，你先来自己试一下，看看能不能把它拼好？"

"好。"涛涛随手抓起一块，然后又拿起另外一块放在它周围来回试探，拿了四五块后，他正确地找到了合适的拼图。

就这样，大概过了十分钟，涛涛已经顺利完成了三分之一。

看着涛涛专心致志的样子，妈妈没有出声打扰他，而是耐心地等他拼好后，发出了鼓励的声音："哇，涛涛真棒，这么快就把拼图拼好啦！太厉害了，涛涛还想不想再试一试？"

涛涛开心地笑了："当然！没问题！有多少块我都能拼好！"

妈妈摸了摸涛涛的头："宝贝，《超级飞侠》有二十块拼图，妈妈手里还有一个《疯狂原始人》的拼图，是五十块的，你有信心拼好吗？"

涛涛拍了拍胸脯："当然！"

妈妈笑着说："涛涛真棒，妈妈给涛涛一个小提示：你看，这些拼图有些一边是平的，有些两边是平的，这是为什么呢？"

涛涛想了几秒钟："噢！妈妈，我知道，因为它们都在边儿上！"

妈妈拍手道："对，没错，涛涛真聪明，那我们开始吧？"

"好！"涛涛立刻集中注意力，先把所有边缘拼图找出来，然后一块一块地拼在外侧。

看着涛涛聚精会神的样子，妈妈开心地笑了。

☆游戏目的

1. 可以激发孩子推理思考能力并增进手眼协调能力；
2. 提高孩子的挫折忍受度，帮助孩子建立自信心；
3. 增加观察力，培养耐心、专注力；
4. 培养平面组合的概念，了解"整体"与"部分"的关系；
5. 懂得顺序、秩序和逻辑的意义。

☆成长记录

您的孩子完成游戏的情况如何呢？

请在下面方框内打"√"或"×"，并填写游戏心得。

您的孩子能较快拼好拼图并发现拼图的技巧吗？ ☐

在遇到困难时，孩子能坚强勇敢地继续下去吗？ ☐

您觉得，孩子可以适当挑战难度更高的拼图游戏吗？ ☐

家长游戏心得：

2.找茬游戏，"这个问题难不倒我"

适龄儿童：3～6岁宝宝

家长朋友们都知道，专注力是孩子未来能否获得成功的关键所在。对于父母来说，他们更希望孩子能拥有长期的专注力，比如能专心致志地写作业、学习等等。但事实上，孩子对学习的专注力培养，确是可以通过游戏来进行的。

不管是对孩子还是成年人，专注力都是相当有帮助的，有些家长为了解决孩子专注力差，还会专门请一些老师或者让孩子报专注力训练班。其实，对孩子来说最有效的提升专注力的方式就是游戏。

根据研究发现，童年时期接触过专注力游戏的孩子，在升入中学后，其自制力要比没接触过专注力游戏的孩子高很多。有些孩子一学习或者一写作业就会"走神"，一会儿摸摸铅笔，一会儿玩玩橡皮。尤其是在嘈杂环境下，孩子专注力的弱点就更容易暴露出来。

因此，在进行专注力游戏时，家长要对环境进行适当的把控，既不能让环境太过嘈杂，也不能让环境太过安静。太过嘈杂会严重影响孩子的专注力，太安静则不利于孩子日后专注力的培养，最好将这个程度把控在孩子可接受的范围外一点。

而找茬游戏不仅可以在短时间内增强孩子的专注力，还能让孩子的专注能力与投入速度得到长久的锻炼。

很多家长朋友都觉得，游戏只能提起孩子的兴趣，并不能培养孩子专注力，当孩子学习时，就完全没有玩游戏时的劲头了。此外，有些家长还觉得，孩子靠游戏培养的专注力很短暂。但事实并非如此，孩子专注力的培养，一定是个从短到长的过程。通常情况下，孩子是不会天生具备超长专注力的，我们也很少看见做一件事情能连续坚持一两个小时的孩子。所以，要让孩子的专注力从游戏中获得培养，然后再重点使之延长，这样才是培养专注力的有效方式。

下面，就让我们一起从找茬游戏中，帮助孩子收获专注力吧。

●游戏准备

找茬的图片

闹钟

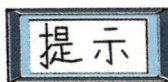

鼓励小道具（比如请求提示板等）

●游戏步骤

步骤1：选出两张除了5个不同之处，其他地方都一样的图片。

步骤2：告知孩子游戏规则，两组进行比赛，一共有30秒的找茬时间；设置一些鼓励措施，比如每人有3次提示权等。

步骤3：设置单数场次的比赛，给获胜的一方颁发小奖品。

温馨小提示

给孩子购买找茬类书籍和产品时，不要一次性购买很多，不然孩子的专注力会很容易分散，一会儿找找这个，一会儿翻翻那个。

家长与孩子们一起游戏时，要适当放缓自己寻找不同点的速度，不然会打击孩子的积极性，让孩子丧失对游戏的兴趣。

☆欢乐时光

妈妈拿着一大本书，指着其中的两幅图说道："小贝，来帮妈妈找找，这两幅图有哪里不一样？"

小贝很快就指着两个人的帽子说道："妈妈你看！这个人的帽子是黄色的，另一个人的帽子是绿色的！"

妈妈笑眯眯地说道："哇，小贝真厉害，这么快就发现了一个！那我们来比赛好不好？"

小贝爸爸也笑着说道："那我来当裁判吧。"

小贝立刻做好了应战的准备，爸爸说道："我先说一下规则啊：每轮的时间是 30 秒钟，连赢 3 把的人，可以从我这儿领一个道具卡，道具卡可以让我帮助你消除一个'不同'。"

妈妈说道："小贝年龄小，爸爸先给小贝一个道具卡吧？"

小贝摇了摇头："不要，我要自己赢！"

爸爸妈妈相视一笑，游戏开始了。

前两轮游戏中，小贝很快地找到了两幅图画中的不同之处。但从第三轮开始，找茬游戏从色彩上的变化，转变为数量上的变化。比如一张图的花瓣是六个，而另一张则是七个。

看着小贝逐渐陷入困难，脸上也露出了焦躁神色，一旁的妈妈装作说漏嘴的样子："哎呀，这个真难啊……哦！哎，这个花瓣数量……哎呀哎呀，说漏嘴了。"

一旁的小贝赶紧从自己的图片中找到花瓣的不同之处，之后的几轮比赛中，小贝也把找茬的重点发散到图片的各个地方。

"哔——"爸爸吹响了哨子，比赛结束，小贝以 7 比 4 的好成绩赢了妈妈！

小贝和爸爸妈妈一起开心地笑了。

☆游戏目的

1. 帮助孩子集中注意力，提高专注程度；
2. 培养孩子的观察能力；
3. 培养孩子对色彩和图案的感知能力。

☆成长记录

您的孩子完成游戏的情况如何呢？

请在下面方框内打"√"或"×"，并填写游戏心得。

您的孩子能在规定时间内完成找茬游戏吗？ ☐

当孩子无法找到不同之处时，会乱发脾气吗？ ☐

孩子在找茬成功后，对下一次的找茬活动十分期待吗？ ☐

家长游戏心得：

3.连连看小游戏，"我能找到相同的图片"

适龄儿童：3～6岁宝宝

专注力是提高学习水平的重要前提，这一点是毋庸置疑的。近年来，总有家长在各个网站求助：为什么别人家孩子半小时就能把作业写完，我家孩子非要磨蹭一两个小时才能写好？为什么别人家孩子十分钟就把古诗背下来了，我家孩子半小时了还记不住两句？

其实，这种学习效率低的问题就是专注力不够。

对于不同年龄段的孩子，专注时间也是不一样的。随着年龄的增长，孩子的专注程度也会提高。一般来说，6～8岁的孩子，专注力可以达到20分钟左右，也就是说，步入小学的孩子，一次性学习20分钟是不成问题的。

如果孩子在学习时一会儿抠抠手，一会儿画个画，一会儿走个神，那就证明他们的专注力在学龄前时期就被打破了。若想提高学龄前儿童的专注力，耳提面命是没什么效果的，最好的方法还是通过游戏来进行专注力的培训。

连连看是一个很适合学龄前孩子进行的游戏，不仅是学龄前孩子，它的适用人群非常广泛，一些成年人在闲暇之余，也喜欢用连连看、消消乐之类的游戏进行消遣。

对孩子来说，连连看可以锻炼他们的眼力，尤其是一些色彩、形状较为接近的连连看。比如水果中的蓝莓和葡萄粒、黄苹果和梨等。如果孩子眼力不够，连连看就很难继续下去，而且，连连看还能帮助孩子记忆生活中常见事物，比如水果、动物、体育器材甚至是化学元素等。

下面，就让我们一起进入连连看的游戏世界吧。

● 游戏准备

连连看app游戏，或
连连看图片与笔

● 游戏步骤

步骤1：取出连连看图片，将每次寻找相同图片的
时间设定为30秒。

步骤2：寻找两个可连接的相同图
案，使用3根（含3根）以内的连
接线，将两个相同图案连接起来。

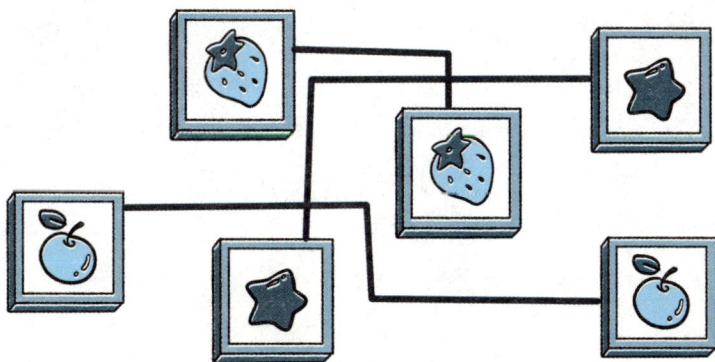

30 S

温馨小提示

　　设置寻找时间是为了更好地培养孩子专注度，家长要根据孩子的情况具体设置时间。对于专注度强，且观察力敏锐的孩子，寻找时间可以设置在20秒左右；对于专注度和观察能力较弱的孩子，寻找时间可以适当延长到40秒。长时间进行连连看游戏，容易让孩子视力疲劳，导致视力下降，且长时间的坐姿也会让孩子觉得劳累。因此，家长要注意孩子的游戏时长，并且在两次游戏的间隔让孩子多做一些伸展活动。家长可以适当引导孩子一同游戏，但要注意不要直接告诉孩子答案。家长也可以通过跟孩子比赛的方式参与游戏，但要注意适当"放水"，以免打消孩子的积极性。

☆欢乐时光

自从第一次玩连连看，格格就对这个游戏产生了极大的兴趣。关于一些水果、动物的名称，格格也比其他小朋友了解得更多。

刚玩游戏时，格格需要30～35秒时间才能找到相同的连接图片，但随着游戏次数的增多，格格开始想挑战更难的连连看了，因为有时候，她只用十几秒就能找到相同的图案。

妈妈拿出两个iPad，打开连连看App对格格说道："宝贝，我们今天来比赛连连看好吗？看谁最先把连连看通关？"

格格立刻说道："当然，妈妈，你敢玩儿中级的连连看吗？"

妈妈笑眯眯地说道："中级连连看需要全神贯注才能找到，不过，我觉得我可以。"

格格骄傲地说道："妈妈，我最拿手的就是连连看了，我们来比一下试试吧？"妈妈当然同意了。

比赛开始！

随着"开始"的声音，格格立马集中了全部注意力，开始研究其屏幕上相同动物的数量了。

小猫有相同的！格格看到有两只小猫离得很近，可她立马发现，这两只小猫需要四折线才能相连。不能耽误时间了，格格立刻将目光放到找寻其他相同图片上。

另一边的妈妈速度很快，但为了保持格格的积极性，她决定要让格格"险胜"自己。于是，她每隔一会儿就会停下来，装作思考的样子等等女儿。

最后，格格以2秒钟的优势赢了妈妈。

"格格真厉害，中级连连看也能完成得又快又好。"妈妈笑眯眯地说道，"是妈妈输了。"

格格开心地笑了，心里暗暗打定主意，下次的注意力一定要更加集中，争取15秒就能找到所有相同的图案。

☆游戏目的

1. 帮助孩子认识连连看中的事物，如各类动物、水果等；

2. 帮助孩子提高观察力、培养专注力；

3. 培养孩子的动手能力；

4. 培养孩子的发散思维。

☆成长记录

您的孩子完成游戏的情况如何呢？

请在下面方框内打"√"或"×"，并填写游戏心得。

您的孩子能认清连连看图片中所有的事物吗？　　　　　□

在游戏进行时，孩子能又快又准确地将相同图片连在一起吗？　□

您的孩子能正确使用三折线，将相同图片连在一起吗？　　□

家长游戏心得：

4.夹黄豆，用心感受专注的力量

适龄儿童：3～6岁宝宝

关于孩子的注意力缺失，一直是让很多家长都头痛不已的问题。这不是个例，而是一种普遍现象，在十个孩子中，专注力强的可能只有一两个。

对孩子来说，专注力集中就像平稳驾驶一辆汽车。如果孩子的注意力不够，经常困顿、走神，就会不自觉地让汽车拐到别处；如果孩子一直处在兴奋状态，就会过早产生失眠、焦虑等问题。

贪玩、好动，这是孩子的天性。虽然中国传统思想一直标榜听话的孩子才是好孩子，但其实，过分听话的孩子未来却会出现各种各样的问题。

著名教育家蒙台梭利认为，"给孩子最好的学习方法就是赋予他们专注力。"但专注力高的孩子，其行为却不是一动不动地坐在那里。

有些孩子因为好奇心强，总喜欢动一动这里、摸一摸那里。有些老师、家长认为这是注意力不集中的表现，甚至还会带孩子去检查一下"多动症"。但其实，孩子在平时多动一动并没有坏处，只要不在专心做一件事时多动，就不算专注力不够，更不是"多动症"的表现。反而有些孩子平时很安静，但却只是"坐得住"，脑子里的思绪早就飞到了千里之外。

有一款叫"夹黄豆"的游戏很适合喜欢动起来的孩子。这款游戏能培养孩子的专注力，非常适合3～6岁的孩子玩。它能够用简单的方式来锻炼孩子的手眼协调能力和手部力量，还能教会孩子正确使用筷子。

下面，我们就一起来做这个游戏吧。

●游戏准备

筷子若干

小碗若干

盘子若干

黄豆若干

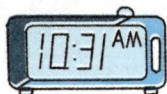

计时表

●游戏步骤

步骤1：讲述规则，比赛时间为60秒，每位参赛选手面前都放着一只空碗、一双筷子和一个装满黄豆的盘子。

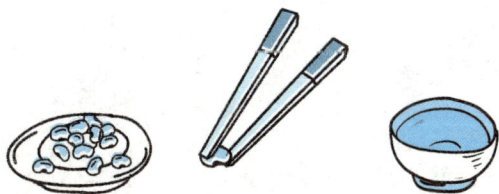

步骤2：计时开始，参赛者同时使用筷子，将黄豆从盘中夹到碗中；时间结束后，空碗中夹黄豆数量多者获胜。

温馨小提示

　　对于年龄较大或手眼协调力、专注性都很好的孩子，家长可以让他们尝试用左手夹黄豆，这样能更有针对性地进行专注力与协调力的培训。

☆欢乐时光

爸爸接凡凡放学回家，刚进家门，妈妈就带着两只盘子、两只小碗和两双筷子出来了。

凡凡很奇怪："妈妈，今天这么早就吃饭吗？"

妈妈笑了笑："凡凡，我们来玩个游戏好不好？"

凡凡一听玩游戏，顿时眉开眼笑道："好呀！"

这时，爸爸对着凡凡说道："凡凡，你看盘子里装的是什么？"

凡凡伸头一看，原来是黄豆。

看着凡凡疑惑不解的样子，妈妈笑着说道："凡凡不是已经学会用筷子了吗？今天咱们就跟爸爸比一比，看谁夹的黄豆多！怎么样？"

凡凡顿时摩拳擦掌，跃跃欲试了。

妈妈说道："今天妈妈当裁判，看看凡凡和爸爸谁在一分钟内夹的黄豆多，妈妈晚上就奖励谁一只鸡翅。"

凡凡开心地对爸爸说道："哈哈！爸爸！我赢定啦！"

只见妈妈用手指按下计时装置，凡凡跟爸爸就迅速动了起来。

起初，凡凡有些急躁，也许是筷子使用得并不好，她夹了很多次都没办法把黄豆夹起来。一旁的妈妈提示道："凡凡，有一个小窍门，你深吸一口气，然后慢慢夹黄豆，不要在乎时间。"凡凡赶紧照做，又夹了两下，果然把黄豆夹了起来。

凡凡大喜，又如法炮制夹了好几颗。

突然，凡凡把黄豆夹飞了，小黄豆"嗖"一下掉在地上。凡凡站起来想捡，妈妈说道："先夹豆子，结束比赛再捡。"

一旁的爸爸故作着急地说道："哎呀，我怎么夹不上来呀，我要赶紧追上凡凡！"

凡凡闻言赶紧坐好，专注地夹起了黄豆。

"哔——"随着时间到的声音，凡凡以9颗黄豆，险胜了爸爸的7颗黄豆。凡凡很高兴，喊着要再跟爸爸比一场。

游戏结束后，凡凡已经能很熟练地使用筷子了。在欢声笑语中，凡凡跟爸爸妈妈一起收拾了比赛现场，准备吃完饭后再来一局……

☆游戏目的

1. 教会孩子熟练地使用筷子，培养孩子的生活自理能力；
2. 锻炼孩子的手部力量以及手眼协调能力；
3. 培养孩子对规则、规定的敏感程度。

☆成长记录

您的孩子完成游戏的情况如何呢？

请在下面方框内打"√"或"×"，并填写游戏心得。

您的孩子能很好地使用筷子吗？ ☐

孩子能够很好地遵守游戏规则，且在时间结束时不会继续吗？ ☐

游戏结束后，孩子能主动帮忙收拾碗盘、回收黄豆吗？ ☐

家长游戏心得：

5

心灵也需手巧，让孩子感受指尖的创造
——培养动手能力

1.穿圆圈小游戏，锻炼宝宝的精细动作

适龄儿童：1～2岁宝宝

穿圆圈小游戏适合9个月大的宝贝，因为9个月的宝宝正是需要开发精细动作能力的时期。用手捏起小圆圈，再将圆圈穿到线或圆柱上，如此反复便可锻炼宝宝的精细操作力。

有些家长朋友会很骄傲地告诉亲朋好友，"我家宝宝在6个月的时候就已经能用小手拿起东西啦！"

是的，很多宝宝在6个月左右时，就已经会抓东西了。为了更好地感受这个世界，小宝宝会用手抓起可见范围内任何他能拿得动的物品，然后再将物品放入嘴中啃咬。但是抓跟捏却不一样，抓是一个整体的感受，捏则是一个精细的操作。

现在我们要做的，是教会宝宝如何"捏"东西。

我们可以在儿童杯里放入宝宝喜爱的饮品或果泥，再将盖子轻轻罩在杯口（注意不要把盖子旋紧）。然后，我们需要伸出拇指和食指，让宝宝看到我们是怎样捏起小杯盖的。

放心，宝宝的学习能力是很强的，只要我们如此操作几回，宝宝就会明白只要捏起瓶盖，就能享受到美味的饮品和果泥，下次我们假装不在身边时，他就会自己抓起杯子，捏起瓶盖然后享用了。

当宝宝学会捏东西后，那些又小又圆的物品就会格外吸引他。

这时，我们趁机跟宝宝玩一个穿圆圈的小游戏，不但能锻炼宝宝的精细操作能力，还能有效开发宝宝的大脑与手眼的协调性。

好！下面我们就一起来操作一下吧。

●游戏准备

结实的线绳或塑料绳

做早餐的圆形全谷物

或专门的"套圈玩具"

●游戏步骤

步骤1：在宝宝的儿童椅平台上放置7-8个圆形麦片，如果没有儿童椅，可以找一个摔不坏的盘子代替。

50cm

步骤2：剪一段50厘米的线绳、塑料绳，演示给宝宝看该怎么把线绳穿过那些圆形圈圈。在宝宝成功将绳子穿过后，及时给予宝宝鼓励。

温馨小提示

　　放置圆形麦片时，可以使用小巧的全谷物早餐麦片，因为这种麦片的内圆部分较大，更适合宝宝穿绳子。

　　在宝宝顺利完成穿绳动作时，我们可以稍微夸张地表达自己对他的赞美，比如惊喜地拍手、把嘴巴张成一个"0"形等。在这样愉快的氛围中，宝宝也会更愿意尝试下一次的学习。

☆欢乐时光

"宝贝,来看妈妈手里有什么?"妈妈笑眯眯地逗着安安,手里还拿着七八个圆形的全谷物早餐麦片。

"妈妈,圈圈!"安安开心地回应着妈妈,并伸出手想把麦片抓起来。

妈妈用手捏起一只圆形麦片,并将安安的中指、无名指和小拇指蜷起,只留大拇指和食指翘起,然后将另一只圆形麦片轻轻放在安安手指上捏住。

"不要放手哦,宝贝!"妈妈叮嘱道,"来,安安,宝贝,你看妈妈在做什么?"妈妈笑着将自己手中的麦片穿在绳子上,然后开心地晃动着手中的绳子。

安安看得目不转睛,手中还牢牢地捏着圆形麦片。

现在,妈妈将绳子递到安安面前:"来,宝贝,试试把这个穿进来。"她又拿起了一个麦片,给安安做了一次演示。

只见安安看了看手中的麦片,又看了看面前的绳子,似乎在回忆妈妈之前的动作。

妈妈耐心地手把手教安安穿进去一个麦片,随即夸张地说道:"哇!安安真厉害!好棒啊!你已经把麦片穿进去啦!宝贝儿!"

安安看着妈妈夸张的样子"咯咯"笑了起来。妈妈又教安安穿了一个麦片,随后鼓励安安道:"来,宝贝,你自己试一下。"

安安在妈妈的指导下,用小手尝试着穿入了第一个麦片!

妈妈立刻给予安安鼓励,在妈妈的演示和鼓励下,安安穿入的麦片越来越多,小手也越来越灵活。看着这一幕,妈妈开心地笑了起来。

☆游戏目的

1. 帮助宝宝锻炼精细动作技巧；
2. 锻炼宝宝的手眼协调能力；
3. 帮助宝宝树立信心。

☆成长记录

您的孩子完成游戏的情况如何呢？

请在下面方框内打"√"或"×"，并填写游戏心得。

宝宝能很快学会捏东西的技巧吗？　□

宝宝穿第一个圆圈的时间是否太久？　□

您认为宝宝在 9 个月时，可以挑战难度更高的游戏吗？　□

家长游戏心得：

2.橡皮泥，五彩缤纷的动物世界

适龄儿童：2～4岁宝宝

作为一款非常经典的游戏，橡皮泥可以说是经久不衰的存在。不管是孩子，还是作为家长的我们，对橡皮泥的玩法相信也都不陌生。

橡皮泥之所以能成为经久不衰的童年游戏，跟它本身花样繁多的玩法以及背后富含的意义是分不开的。

随着时代的不断发展，橡皮泥的颜色更加多样，质地也更加柔软适手。由于它的可塑性极强，因此，孩子能最大化地将脑海中的妙思通过双手展现出来。这些形状是孩子脑中的影像，家长能从孩子创造橡皮泥的过程中，了解孩子的内心世界。

孩子在充分发挥想象力的基础上，运用双手的能力，将橡皮泥塑造成一个个的整体形象，其实是件很益智、很美妙的事情。何况，培养孩子的动手能力，其实就是培养孩子的实践能力。

现在有不少家长朋友，尤其是爷爷奶奶、姥姥姥爷这些老辈人，都会对孩子大包大揽，让孩子养成饭来张口、衣来伸手的不良习惯。长此以往，孩子就会逐渐丧失动手能力，在社会实践中也处于弱势群体。

哈佛大学曾做过20年的跟踪，试验结果证明，动手能力强的孩子与动手能力弱的孩子，其就业率为15:1，而犯罪率为1:10。

跟孩子一起捏橡皮泥，捏完后引导孩子妥善装好橡皮泥，并收拾残留物质，这对孩子来说也是一种可贵的体验。

●游戏准备

各色橡皮泥

牙签

橡皮泥桶

●游戏步骤

步骤1：让孩子触摸橡皮泥，并告知橡皮泥的可塑性和不可食用性。

步骤2：由家长引导孩子，将橡皮泥捏成各种形状。

步骤3：可以使用牙签、模具等辅助工具，将造型美化。

温馨小提示

在玩橡皮泥之前，一定要叮嘱孩子不要将橡皮泥放入口中，玩完橡皮泥要及时洗手。

☆欢乐时光

"洋洋,你包的饺子怎么是黄色的呀?"妈妈看着金黄色的饺子,忍不住笑了。

洋洋却煞有介事地想了想,说道:"这是鸡蛋饺子。"

妈妈笑着说:"洋洋真厉害,饺子皮是鸡蛋的,饺子馅儿是什么的?"

洋洋掰开一个包好的饺子,说道:"你看,妈妈,饺子馅儿是蓝莓馅儿的。"

一旁的爸爸忍不住开口:"洋洋,你把黄色和蓝色混一起,一会儿可就不好分开了。"

洋洋愣了一下,显然是没想到这点。看着宝贝手足无措的样子,妈妈赶紧说道:"洋洋,蓝色和红色混一起,你觉得是什么颜色?"

洋洋想了想说道:"蓝色比黄色颜色深,肯定还是蓝色。"

妈妈笑了笑:"那你把两种颜色混在一起试试看?"

洋洋拿起一个饺子,快速地揉搓起来。不久,饺子就成了一个蓝、黄、绿混合的橡皮丸子。洋洋一脸惊讶,加快了手上的揉搓速度,很快,一个绿油油的丸子就出现在洋洋手上。

洋洋又惊又喜地说道:"妈妈!爸爸!你俩看!我搓出个菠菜丸子!"

妈妈也笑了:"是呀,蓝色跟黄色混合,你就能得到绿色了。这次你试试包一个'西红柿鸡蛋包子',看看能得到什么颜色。"

洋洋赶紧用红色橡皮泥搓了张"包子皮",用黄色橡皮泥做馅儿,跟妈妈学会了包子的包法。包好包子后,洋洋把黄色和红色橡皮泥揉搓起来。

很快,洋洋说道:"妈妈!你看!我做了个橘子!"

妈妈说道:"刚才你用黄色和蓝色,合成了绿色;现在,你又用黄色和红色合成了橘色。下面,你再试试用红色和蓝色,能合成什么?"

洋洋取了一点红色橡皮泥,又拿了点蓝色的混合。搓着搓着,一条"茄子"就出现在洋洋手中。"妈妈,这太神奇了!"洋洋开心地说道。

妈妈趁机讲道:"洋洋你看,这一盒橡皮泥有这么多颜色,但其实,只要有红色、蓝色和黄色,其他颜色都能被做出来。所以,红色、蓝色和黄色就是美术上的'三原色'。"

"妈妈,我记住啦!"洋洋开心地说道,"等我到幼儿园,一定要跟其他小朋友们说一说,这些颜色都是怎么做出来的!"

☆游戏目的

1. 培养孩子的动手能力以及手眼脑协调性；
2. 增强孩子对色彩的感受以及美学感受。

☆成长记录

您的孩子完成游戏的情况如何呢？

请在下面方框内打"√"或"×"，并填写游戏心得。

您的孩子能独立创造新的橡皮泥形象吗？　　　　　☐

您的孩子能掌握各种颜色的调和变化吗？　　　　　☐

游戏后，孩子能主动承担收拾玩具的任务吗？　　　☐

家长游戏心得：

3.折纸游戏，一张彩纸能变成什么

适龄儿童：3～6岁宝宝

说到折纸游戏，不少家长脑海里第一印象就是纸飞机。但其实，折纸游戏远不止纸飞机、纸鹤这些简单的手工。跟孩子一起游戏的时候，即便是简单的纸飞机、五角星和小桃心，也能让孩子觉得充满乐趣，而且充满意义。因为在折纸的过程中，孩子接触到的不仅是一个游戏，还是一次数学启蒙。

孩子用双手折出的东西，不仅是一件艺术品，也是一个几何图形。就比如折一个简单的正方体。原本一张正方形甚至是长方形的平面纸，由孩子的双手进行精密对折，孩子从平面上感受折线两侧的点、线与面，再到最后折成立体的正方体，让孩子用手眼了解平面到立体的转变，这是最好的数学概念理解方式，也能锻炼孩子的空间感。

折纸需要孩子亲自动手制作，这样能够有效锻炼孩子手指的灵活性。当然，手工折纸不仅需要动手，也需要动脑思考，还需要用眼睛观察。在这个过程中，孩子的手眼脑三方协调性都能获得有效提升。

此外，折纸都是按照一定的方法步骤，按固定地顺序进行的。这也可以培养孩子认真做事、遵守规矩的习惯。

作为一种万千变化的游戏，折纸不仅能培养孩子的想象力、创造力和形象思维能力，而且能培养孩子的观察力与美学。在折好成品后，孩子会有良好的成就感，当成就感累积后，就会转换为孩子的信心。

折纸是一种非常有意义的游戏，也是架构亲子关系的重要方式。下面我们就来一起进行折纸游戏，让孩子从娱乐中收获成长吧。

●游戏准备

普通纸

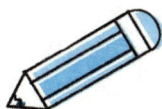
笔

●游戏步骤

下面为折纸中"东南西北"的步骤：

 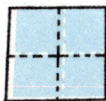

步骤1：取一张正方形的白纸，将边对折，然后打开，再将另一对边对折，再打开，得到一张带有十字折痕的白纸。

步骤2：将一个角向中心点折过去，其他三个角也同样折好，在得到一个小正方形后，将纸反过来，把四个角如前一样，向中心点折过去。

步骤3：将纸片翻过来，后面是由四个小方块组成的正方形，手指伸入小方块将其撑开，让小方块变成漏斗形状。

步骤4：在四个小方块上分别写"东南西北"四个字，打开四个小方块，在里面八个小三角上分别写上惩罚或奖励。

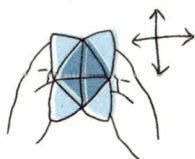

步骤5：将手指插入漏斗结构，问他对方"东西南北"分别要几下，然后一张一合操作，打开看对方的惩罚或奖励是什么。

温馨小提示

孩子学习折纸时，要遵循从易到难的顺序。如果刚上手的时候，折纸的难度系数太高，孩子就很难完成，这会挫伤孩子的积极性。在学习折纸时，一定要先了解基础折法，这样才能自己创造新的折纸。

☆欢乐时光

"果果，我们这次要在'东南西北'里写什么呢？"妈妈笑着问道。

"我要写6个不好的、2个好的。"果果歪着头说道，"不好的里面写猪八戒、白骨精、小矮人，好的里面写孙悟空和天使！"

看着果果熟练地叠着"东南西北"，妈妈在一旁笑着问道："果果，你为什么觉得猪八戒是不好的，孙悟空是好的呢？"

果果毫不犹豫地说道："因为猪八戒懒，他老想着散伙！孙悟空很厉害，而且对师父特别好，他出去找吃的，还要给师父画个圈。"

妈妈笑着说道："是呀，所以，果果不能像猪八戒一样懒惰啊。"

果果想到今早的玩具还没收，不好意思地笑了笑，然后缠着妈妈撒娇道："妈妈，我知道啦，我们快点玩儿'东南西北'吧！"

妈妈把猪八戒、孙悟空等名字写到了"东南西北"里，然后煞有介事地问道："果果，你要多少？"果果想了想，说道："我要东边三下，北边十下。"

妈妈以此照做："哎呀，果果你看，是天使，你猜的真准。"

果果立刻露出笑容："我这次要东边两下，南边五下！"

妈妈照做后，忍不住笑出了声："果果这次是小矮人了，看来果果要多吃蔬菜水果，多喝牛奶，这样才能变得更高。"

果果也跟着哈哈大笑："妈妈，我也让您选一下吧！"

果果拿着"东南西北"，煞有介事地问道："妈妈要几下？"

妈妈想着果果现在只会十以内的数字，于是说道："我要北边两下，西边六下。"

果果拿着东南西北，认认真真地数道："西边，一、二、三……"

☆游戏目的

> 1.培养孩子的动手能力，开发手脑眼协调性，培养关注细节的观察力；
> 2.开发孩子的数学基础，培养孩子的立体思维；
> 3.培养孩子的美学意识与感受力，增强孩子的信心。

☆成长记录

您的孩子完成游戏的情况如何呢？

请在下面方框内打"√"或"×"，并填写游戏心得。

您的孩子能很快学会折纸步骤吗？　□

在您的引导下，孩子能独立完成第二次同类型折纸吗？　□

在了解折纸折法后，孩子能创造出新的折纸形象吗？　□

家长游戏心得：

4.你画我猜，孩子的创造王国

适龄儿童：3～6岁宝宝

提到表达孩子内心世界的载体，绘画一定是不可跳过的一环。对于孩子来说，绘画不仅能提高孩子的观察力、创造力，还能提高孩子的知识储备，净化孩子的心灵。

绘画是一种复杂的精神活动，但对孩子来说，这也是最直接、自由的情感表达方式。通过绘画，孩子可以通过亲身体验与丰富想象，将所见、所感以手中的笔尖跃然纸上。

孩子绘画不仅是学习，还是一种游戏，更是一种情绪发泄的手段。对于一些复杂的情感和动机，孩子还不太会抒发表达，此时，绘画就成了孩子宣泄心中情绪的重要方式，也促进了孩子的身心健康与和谐发展。

跟成人一样，孩子在绘画时，也要通过对事物的仔细观察，然后从不同的角度整理素材，这样才能扩大他们的视野，让他们的思维力与想象力更加丰富。通过观察，孩子能更好地了解世界，也能让孩子学会将搜集来的素材运用到实际操作上。孩子创造出的画作，也能成为调动孩子观察的积极性的好方法。

绘画还能培养孩子的求知欲。想创作出一幅好作品，光有巧手是不够的，还要有足够的眼光、足够的知识素材储备。眼界越宽，知识面越广，创作出的画作就越优秀。可以说，绘画就是影响孩子知识与创新发展的重要方法，在愉快的画画时光中，孩子的各项综合能力都会得到潜移默化的发展。

在绘画类型的游戏中，你画我猜是个极富代表意义的类型。顾名思义，你画我猜是一个猜词游戏，但它的趣味就在于使用画画的表现形式来进行互动性的猜词行为。

不管是小朋友间还是亲子间，这个游戏都非常适玩。孩子可以通过你画我猜锻炼绘画能力，培养想象力、表达力和创造力，还可以丰富自己的词汇储备，这是一件非常美妙的事情。根据孩子们的个体差异，有些画作虽然令人啼笑皆非，但却在一定程度上给孩子带来了欢笑和收获。

●游戏准备

词汇卡

彩笔

白纸

闹钟

●游戏步骤

步骤1：孩子与家长分别拿若干张白纸和彩笔，就词汇卡内的某一词汇绘图。

步骤2：由家长先画，绘画时间为60秒，猜图时间为30秒，时间到后，由孩子画、家长猜，如此交替进行。

温馨小提示

妈妈与孩子轮流交替画与猜，需要遵循由易到难的原则。比如，妈妈让孩子猜西瓜刀，为了方便提示孩子，可以先画一个大西瓜，旁边再画一把刀。让孩子用彩笔画，涂上他喜欢的颜色，一方面降低家长猜图的难度，另一方面也增加了孩子的乐趣，让游戏达到更好的效果的你画我猜技巧很多，也可以尝试教给孩子谐音法、大小对比法、元素整合法等等。根据孩子接受程度，慢慢增加游戏难度，使用他能接受的稍微复杂的名词或者简单的成语，并加以限时，可以锻炼孩子多方面的能力。

☆欢乐时光

"妈妈，什么游戏呀？要画公主吗？"敏敏好奇地说道。

"不是公主哦，妈妈要跟敏敏玩儿一个'你画我猜'的游戏。"妈妈笑着拿过纸和笔，然后又做了几个阄。

"敏敏，把你喜欢的东西写在纸上，比如狗咬骨、橡皮鸭、奶糖、警察叔叔等，记得要写词语或者成语，不能写句子哦。"妈妈引导道，然后自己也写了几个简单的词语。

写完后，妈妈先从阄里面抓了一个："这个不能给对方看哦，只能自己看，看完后，我们要把这个词画出来，让对方猜。妈妈先画，敏敏猜，这个词是三个字呦。"

妈妈想了想，在纸上画了一个长柄刀。敏敏立刻说道："小刀！"

妈妈提示道："注意，这个词是三个字哦！"

敏敏想了想："水果刀！"

妈妈笑着说道："很接近了。"说完，妈妈又在旁边画了个西瓜。

"西瓜？西瓜……西瓜刀！"敏敏开心地喊道。

"恭喜你，答对了！敏敏真棒。"妈妈也笑着说道，"下面轮到敏敏画了。"

敏敏也从阄里抓了一个，打开后，她立刻动笔画了起来，显然这个阄是敏敏自己做的："妈妈，这个词是两个字！"

只见敏敏画了一只兔子，但是兔子却戴着一个蓝色项圈，妈妈立刻明白这是家里养的泰迪狗——豆丁。

妈妈猜道："泰迪？"

"不对，妈妈，不对！"敏敏说道。

"豆丁？"

"不对，错了错了。"

"狗狗？"妈妈继续猜道。

"很接近了。"敏敏学着妈妈的口气说道，又在狗的旁边画了一个小点点。

"噢！是小狗！"妈妈灵机一动，脱口而出。

"对啦，恭喜你，答对了。"敏敏说道，然后跟妈妈一起开心地笑了起来。

☆游戏目的

1. 培养孩子的绘画能力与联想力；
2. 锻炼孩子的反应能力；
3. 净化孩子心灵，提高孩子的观察能力，发挥孩子的创造能力。

☆成长记录

您的孩子完成游戏的情况如何呢？

请在下面方框内打"√"或"×"，并填写游戏心得。

您的孩子能准确画出心中所想事物吗？　☐

孩子会使用一些小技巧来表达自己要画的事物吗？　☐

孩子对成语类的绘画能表现出足够的理解力吗？　☐

家长游戏心得：

5.性别意识小游戏，"我们平等，却天生不一样"

适龄儿童：3～4岁宝宝

很多男孩子在小时候都穿过裙子，扎过小辫，不少女孩子在小时候也听到过诸如"如果她是男孩就好了"这样的话语。

其实，一些家长认为"孩子没有性别意识"是错误的。3岁时，孩子就具有模糊的性别意识了，他们会通过性别对妈妈、爸爸，哥哥、姐姐进行分类，在玩过家家等游戏时，也会有意识地让女生充当女性角色，男生充当男性角色。比如有些小女生在玩过家家时，会说"我们找琦琦（男孩）一起玩吧，因为缺人当'爸爸'"这样的话。可见，孩子在3岁左右就已经有性别意识了。

5～6岁时，儿童会出现性别意识。比如男生喜欢踢足球，女生喜欢玩娃娃；男生穿裤子，女生穿裙子；男生留短发，女生留长发等。

在儿童出现性别意识时，家长要注意引导孩子认识性别差异与两性平等。

性别差异，是要告诉孩子男女有别，要注意避免在异性面前赤裸身体。

有些小朋友会在公众场合掀起衣服玩耍，或脱下裤子上厕所。家长要注意引导孩子不要有这类的行为，要告诉孩子矜持也是礼仪和尊重的一种。

两性平等，是要告诉孩子性别无错，不要有性别歧视的话语和动作。比如有些男孩子会鄙视柔弱的女孩子，说出"女生都是爱哭鬼"之类的话；有些女孩子会拉帮结伙，不让其他女孩子跟男生说话玩耍等。当孩子出现这种情况时，家长要注意引导孩子，让孩子学会尊重异性的性别。

总之，性别意识对孩子的成长至关重要，也对孩子"三观"的培养至关重要。这里要给家长朋友们介绍一个"谁来挑战"小游戏，让家长能帮助孩子树立正确的价值观念，同时增加男宝女宝的接触和合作，让孩子意识到"我们天生不一样，但我们却是平等的"。

下面，我们就来一起做"谁来挑战"小游戏吧！

●游戏准备

各类比赛用具

●游戏步骤

步骤1：将孩子们分成"男""女"两组，男生在左侧，女生在右侧，男女人数尽量保持一致，让孩子们在组内结成小队。

步骤2：选对方阵营选择想挑战的对手。在孩子挑战成功后，及时给予孩子鼓励，加深性别差异与两性平等观念。

温馨小提示

在"步骤1"时，如果人数出现奇数，则由家长或幼儿园老师补齐人数，不要让孩子觉得自己被孤立。

挑战成功后，我们要对孩子给予表扬，也不要忘了对失败方传达性别意识。

☆欢乐时光

豆豆妈妈笑着问豆豆为什么不穿裙子，豆豆理直气壮道："我是小男生啊，男生哪有穿裙子的！裙子都是'爱哭鬼'穿的，男子汉才不穿。"

妈妈眉头一皱，说道："谁是'爱哭鬼'啊？"

豆豆认真地说道："当然是我们班的女生啦，一个个可娇气了，摔倒了哭，被我们'占领地盘'也哭，我最讨厌跟女生一起玩了。"

妈妈说："你不是挺喜欢跟娜娜一起玩的吗？娜娜不娇气，也不爱哭，对不对？"

豆豆摇摇头："她喜欢玩娃娃，跟我们不是一路人。"

妈妈听完哭笑不得，不知道豆豆从哪儿学来的词。不过，有性别歧视可不好。想到这儿，妈妈专门邀请了豆豆班上关系不错的几个男女小朋友来家里玩，想趁机改变豆豆的观点。

豆豆一听小朋友来家里玩，顿时兴高采烈起来。

不多时，小朋友们就来到了豆豆家里。

妈妈跟小朋友们打了招呼，然后说道："小朋友们大家好，我们今天来玩挑战游戏怎么样？男生一队，女生一队，赢的有奖品哦！"

大家一听奖品都非常高兴，在欢呼中排好了队。

"第一个挑战是掰手腕，第二个挑战是夹黄豆，第三个挑战是背古诗，请大家选择要挑战的对手！"豆豆妈妈宣布道。

很快，小朋友们便选好了对手。

第一个环节，小男生们跃跃欲试，谁知，不少女生的力气竟然比男生还大，这让这些小男生们瞠目结舌；第二个环节，本以为是女生更加细心，谁知道，一些小男生用筷子比女孩子还好；第三个环节主要考验记忆力和定力，男生女生们获胜结果也是各半。

几轮游戏玩儿下来，豆豆对女生的印象也有了不小的改观。

晚上，小朋友们都回家吃饭了。豆豆一边帮妈妈收拾东西，一边兴奋地回忆刚才的游戏情形。

"这回，豆豆还觉得女生都是'爱哭鬼'吗？"妈妈趁机问道。

豆豆脸一红，学着武侠剧里的大侠一样拱拱手，说道："再也不了，再也不了。"

☆游戏目的

1. 帮助孩子加深男女有别的印象；
2. 让孩子懂得尊重异性，树立孩子的两性平等观念；
3. 培养孩子的团队合作力，培养孩子的竞争意识与挑战意识。

☆成长记录

您的孩子完成游戏的情况如何呢？

请在下面方框内打"√"或"×"，并填写游戏心得。

孩子能明显意识到男生和女生的差别吗？ ☐

无论胜败，孩子都不会说出性别歧视的话吗？ ☐

在挑战时，孩子会选择挑战比自己更厉害的异性吗？ ☐

家长游戏心得：

6.叶脉书签，用双手创造的自然艺术

适龄儿童：5～6岁宝宝

自从升级为家长后，大部分朋友都会变成朋友圈的"晒娃狂魔"。在晒娃的"比赛"中，普遍都是孩子的各种技能，比如孩子操控机器人、搭建模型、使用乐器、绘画、制作工艺品或玩转魔方等。

在家长看来，能力突出的孩子更能抓人眼球。也就是说，那些表现突出的孩子，往往都是动手能力很强的孩子。

所谓动手能力，其实就是孩子身体内蕴含的一种潜在能力。这种能力不像学习成绩那样，在提高的时候可以一目了然，但它却跟孩子的生活自理、自律、自强等能力息息相关。可以说，动手能力是伴随孩子一生的重要能力之一。

动手能力强的孩子，智商也会随之提升。俄国著名教育学家苏霍姆林斯基曾说过，"儿童的智商，其实就在他们的指尖上。"培养孩子的动手能力，其实也就是在促进孩子的智力发展。通过双手的活动，孩子能直接接触更多的外部信息，这些信息能够有效开发大脑，让孩子变得更加聪明。可以说，动手能力就是提高智商的不二法门。

在培养动手能力的游戏中，制作叶脉书签是不可跳过的一环。

俗话说，这个世界上不存在两片完全相同的叶子。而树叶又是我们生活中最为常见的东西。孩子从地上捡起树叶，将树叶变废为宝，用双手将或绿或黄的树叶，变成一个个精美雅致的书签，这是一件非常有成就感的事情。

亲子间一起制作叶脉书签，不仅能够培养孩子的动手能力，还能分享成功的喜悦。

●游戏准备

宽面胶带　　树叶　　铁锅　　卡纸

画笔　　染色剂　　筷子　　牙刷　　碱水

●游戏步骤

步骤1：采集一些常绿木本植物的叶片，尽量选择较厚的叶片；将叶片冲洗干净，放入加碱水的锅中煮沸。

步骤2：煮沸后十分钟左右，用筷子将叶子夹出，在清水中洗净，得到完整叶脉；把处理好的叶脉平铺在平整的桌面上，用牙刷轻刷表面，使其光亮。

步骤3：将叶脉平铺在卡纸上，用染色剂涂上自己喜欢的颜色；将叶脉根部系上丝带，漂亮的叶脉书签就完成了。

温馨小提示

　　因为大部分植物的叶子的叶脉都是由纤维素构成，纤维素很坚韧，在碱水中不容易煮烂，但叶肉却很容易被煮烂。

☆欢乐时光

"妈妈，我们为什么要去公园呀，我还要给圆圆做礼物呢。"奇奇有些奇怪地问道。

妈妈笑着说："你就跟着妈妈来吧，保证耽误不了你做礼物。何况，我们要做的东西，就要从这个公园里找原料呢！"

奇奇虽然感到奇怪，但还是乖乖地跟在妈妈身边到了公园。来到一株盛开着白色和粉色花朵的树前，妈妈说道："奇奇，我们需要的就是这个树的树叶，你知道这是什么树吗？"

奇奇点点头，指着树前面的牌子念道："玉兰树。妈妈，我们不能揪树叶，对吗？"

妈妈肯定地说道："对的，奇奇，你说的没错。我们不能揪树叶，所以，我们要从地上找到一片最漂亮的玉兰叶。"

奇奇虽然还是不明白妈妈要做什么，但他乖乖地找起了树叶。不多时，奇奇跟妈妈就找到了很多片漂亮的叶子。

妈妈拿着叶子说道："奇奇，这回我们就可以回家给圆圆做礼物了，妈妈要教你把这些树叶，变成漂亮的叶脉书签。"

回到家后，妈妈把锅里放进水，又加了一点碱水。奇奇好奇地问道："妈妈，我们为啥要用玉兰叶呀，用别的不行吗？"

妈妈边煮树叶边解释道："玉兰叶容易煮，能很快把叶肉煮掉。"煮沸后过了大约十分钟，妈妈从锅里拿出玉兰叶，又从柜子里拿了两把旧牙刷出来，递给奇奇一支："宝贝儿，用牙刷把叶肉刷掉，我们只要叶脉，注意要轻点刷，不要刷破了。"

奇奇早就迫不及待了，他拿着牙刷，按照妈妈的方法一点点刷着叶肉。奇奇跟妈妈把玉兰叶完完整整地刷了一遍，很快，一个完整的叶脉书签出现了。

奇奇看着书签爱不释手，妈妈又取来画笔和各色丝线，跟奇奇一起装饰叶脉书签。看着自己漂亮的杰作，奇奇和妈妈不由得相视一笑。

☆游戏目的

1.收集树叶的过程中，带领孩子亲身感受大自然的美好；

2.培养孩子的动手能力，让孩子初步感受物理与化学的美妙；

3.告诉孩子变废为宝的方法，培养孩子的发散思维。

☆成长记录

您的孩子完成游戏的情况如何呢？

请在下面方框内打"√"或"×"，并填写游戏心得。

您的孩子能充分感悟变废为宝的理念吗？ ☐

在制作叶脉书签时，孩子真正参与到其中，而不是您全程制作吗？ ☐

在制作过程中，孩子表现出充足的耐心吗？ ☐

家长游戏心得：

6

第六章 | Chapter 6

表达感受，是孩子受益一生的必修课
——修炼表达力

1.读绘本，跟孩子一起认识这个世界

适龄儿童：1～2岁宝宝

绘本作为增进亲子感情、促进孩子智力发育的工具，一向受到家长朋友的喜爱。但孩子读绘本的最佳时间究竟是几岁呢？

一些家长朋友可能会觉得，"最起码得五六岁吧，甚至上了小学才能看懂绘本。"其实不然，与孩子一起使用绘本的黄金时间应该是1岁半左右。

通常情况下，宝宝在1岁左右时就已经能主动叫人了。当爸爸妈妈回来时，宝宝会主动称呼"爸爸""妈妈"，并作出一系列亲密的举动，如伸手要一个拥抱，或甜蜜地大笑等。到了1岁半左右，宝宝便可以说2～3个字的词，比如"哈密瓜""小狗""玩具""气球"等。到了2岁时，宝宝已经可以说完整的一句话了，比如"琪琪想要苹果""爸爸再见"等。

可以说，1岁半是教宝宝认识各种事物并学会称呼事物的黄金时期。此时与孩子一同读绘本，能有效刺激宝宝对世界的认知，也能更好地开发宝宝的语言功能。

孩子的语言功能发育顺序是"发音—词汇—句子—段落"，1岁半宝宝应选择"词汇—短句"型的剧本。单纯的词卡已经不能满足宝宝的语言发育与认识需求，大段落的绘本则容易让宝宝心生厌烦。所以，选择故事性较强的短句绘本更适合亲子间的绘本阅读。

下面我们就来一起跟宝宝阅读绘本吧。

●游戏准备

绘本若干

●游戏步骤

步骤1：由爸爸、妈妈或爷爷、奶奶等家庭成员之一带着宝宝一起阅读绘本，并帮助宝宝比较绘本上的内容。

步骤2：提出简单的问题让宝宝思考。宝宝给出解释后，正确的解释要及时予以肯定，错误的解释要温和地予以纠正，并再提出一个同类型问题让宝宝思考。

温馨小提示

　　家长朋友在选择绘本时，一定要选择适合1~2岁宝宝的绘本，图片尽量要大，内容尽量简洁，不要选择有太多干扰项的绘本。现在市面上有一些"发声绘本""触感绘本"等，有条件的家长朋友可以给宝宝选择这类绘本，帮助宝宝更全面地认识世界。宝宝也许喜欢自己翻书，比如我们还没有读完，他就翻到第二页了。这时我们不要责备宝宝，否则他会对读书产生潜意识的逆反。何况读绘本的目的是让宝宝有所收获，只要他在绘本中学到了东西，别的内容可以在其他环节巩固。

☆欢乐时光

佳佳看到妈妈手中的绘本，兴奋地大声说道："书，书。"

虽然佳佳现在还有些口齿不清，但她毫不掩饰对绘本的喜爱。

妈妈打开一本绘本给佳佳看。

只见绘本上画着一长一短两只绿色的毛毛虫，妈妈念道："两只绿色的毛毛虫住在菜地里，哥哥说道'我比弟弟长'。佳佳这两只毛毛虫，哪只是哥哥呀？"

佳佳想了想，用手正确地指出了长的毛毛虫。

妈妈笑着说道："为什么它是哥哥呀？"

佳佳认真地比划道："它长。"

妈妈说道："佳佳真棒，下次说得更完整些就更好啦。来，跟妈妈说啊，'它是哥哥，因为它比弟弟长'。"

佳佳奶声奶气地学道："它比弟弟长。"

妈妈耐心地说道："它是哥哥。"

"它是哥哥。"佳佳跟着学道。

"因为。"妈妈引导道。

"因为。"佳佳笑着模仿着妈妈。

"它比弟弟长。"妈妈也笑了。

"它比弟弟长。"佳佳学得很完整。

妈妈继续说道："来，宝贝，我们重复一遍，'它是哥哥，因为它比弟弟长'。"

在妈妈的引导下，佳佳跟着妈妈完整地说出了句子。

妈妈笑着夸奖道："佳佳真棒。来，我们来看第二页。"

第二页是"比大小"，只见上面画着两个大小不一的红苹果。

妈妈先问道："佳佳喜不喜欢吃苹果呀。""喜欢！"佳佳大声回答道。

"那，佳佳来看看这两个苹果，哪个大哪个小呀？"妈妈指着绘本上的两只苹果问道。

佳佳立刻指着大苹果说："这个苹果大！"

妈妈马上夸张地夸奖佳佳道："哇，佳佳真聪明！妈妈最喜欢佳佳了！"

听着妈妈的赞美，佳佳也开心地笑了："妈妈，继续！下一页，下一页！"

☆游戏目的

1. 帮助宝宝更好地认识这个世界；
2. 促进宝宝的语言发育；
3. 锻炼宝宝的思维能力。

☆成长记录

您的孩子完成游戏的情况如何呢？

请在下面方框内打"√"或"×"，并填写游戏心得。

在您的引导下，宝宝能正确理解绘本内容吗？ ☐

宝宝能正确理解和解答您提出的问题吗？ ☐

宝宝会不断要求家长，继续阅读绘本吗？ ☐

家长游戏心得：

2.过家家，孩子也可以是父母的老师

适龄儿童：2～3岁宝宝

说到孩童的表达能力，很多家长朋友的第一反应都是"过家家"。因为这种游戏从古至今、从南到北，经久不衰。而且，过家家没有人数限制，孩子可以使用各种身份的语言进行交流，这能极大地提高孩子的词汇储备量，也能让孩子更好地表达自己，更好地进行社交活动。

过家家作为一种特殊的角色扮演游戏，它是通过对人物的生活方式、行为和态度的模仿汲取自己所需成分的过程。研究发现，2岁左右的孩子就已经可以进行简单的模仿游戏了。

与常规模仿游戏不同，过家家不求孩子将角色扮演得多么逼真，孩子只需要给自己设定一个角色，然后通过创造出的日常场景，来进行一次虚拟生活体验。在这个游戏中，孩子不用担心自己做的不好而被家长批评。如果是家长参与进来，还可以与孩子进行角色互换，由孩子当父母，父母当孩子，这样对父母来说也是了解孩子内心世界的一种体验。

家长朋友们要有这样的认知：孩子们进行的过家家游戏，实际是反映了他们对父母、亲子、夫妻、师生、医患等关系的认知，也反映出他们对这些关系与生活态度的过程。孩子对当前的生活、家庭是否满意，都会下意识地反映到过家家游戏里。所以，家长抽时间跟孩子一起过家家，是接近孩子内心、了解孩子想法的好机会，也是家长朋友们引导孩子正确地待人接物的好方法。

孩子善于模仿且乐于模仿，过家家恰好能为一群孩子提供一次全方位的模拟生活，也能让孩子更切身体会到游戏的严肃性。孩子们在过家家时的交流，基本是在模仿自己父母的对话交流，这对孩子们来说是一次难得的表达体验。

过家家不仅需要孩子演出，还需要他们自行导演。因此，相比一个游戏而言，过家家更像是孩子们演绎的真实戏剧。在游戏中，社会与生活的传承潜移默化地影响着孩子。孩子可以通过游戏体验大人的威严与责任，这会对孩子的成长起到积极作用。

●游戏准备

辅助性材料，如厨房用具、餐厅用具、教鞭、听诊器玩具等

●游戏步骤

步骤1：参与人员分别选择自己的角色，如"爸爸""妈妈""老师""医生"等。

步骤2：选定场景，如"做饭""上课"等；参与人员将自己代入角色中，一起进行场景游戏。

温馨小提示

过家家是孩子直接认识生活、参与生活的最佳方式，但家长朋友要注意，一定要让宝宝参与没有危险的活动，如扫地、做饭团、购物等。在游戏过程中，家长要起到引导作用，教会孩子一些生活技能，以另一种身份向孩子提出建议或问题。

不管孩子在游戏中表现如何，家长都不要表现出不耐烦、急躁等情绪，也不要制止孩子的角色扮演内容，更不要强硬地纠正孩子的表演，而是要耐心地予以引导，在孩子做得不错时，要适当给予鼓励。

☆欢乐时光

"这次，我来演妈妈，妈妈演宝宝，爸爸还是演爸爸。"丹丹露出一副渴望的样子，看起来很是憧憬大人的世界。

"好呀。"妈妈答应得很痛快，并且很快用丹丹地口吻说道，"妈妈，我饿了，我想吃点心了。"

丹丹也立马进入妈妈模式，煞有介事地严厉说道："刚吃了饭，又要吃点心，吃饭的时候不好好吃，就等着吃零食，你这样容易有蛀牙！"

妈妈心里觉得好笑，没想到，自己在女儿心里竟然是这么一副严厉的模样。于是，妈妈也学着丹丹平时的样子说道："我哪有不好好吃饭，我就是饿了呀，我中午明明就好好吃饭了，你就说我，不给我点心吃，呜呜呜。"

丹丹看着妈妈的样子，脸有些发烧："哎呀，妈妈，你不能瞎演啊，我平时才不是这样的呢。"

妈妈看着丹丹也笑了："是嘛？那昨天是谁吵着吃点心，我没有给，就在沙发上哭了半天啊？"

丹丹更不好意思了："别说了妈妈，哎呀，妈妈，你能不能好好演啊。"

妈妈笑着摆摆手，丹丹继续说道："那我的宝宝饿了，我就得给宝宝买点心，老张（丹丹爸爸），你去给丹丹买点果冻、巧克力、薯条什么的，再来一个娃哈哈。"

爸爸在一旁摊手道："我的钱都在你那儿，你不给我钱，我怎么给丹丹买啊。"

妈妈嗔怪地看了一眼爸爸，丹丹也赶紧说道："妈妈，你把钱给爸爸，要不就没法儿演了。"爸爸在旁边一脸得意，妈妈则不慌不忙地从茶几下面拿出一叠扑克："喏，去买吧，别耽误我们玩游戏。"

丹丹在一旁点点头，似乎用扑克买东西是很正常的。爸爸想了想，从妈妈手里接过扑克，又从旁边拿出几个积木："好，买回来了，丹丹，快吃吧。"

妈妈接过手中的积木哭笑不得，只好装作津津有味的样子"吃"了下去。

很快到了做午饭的时间，过家家游戏结束了。让妈妈没有想到的是，今天丹丹竟然没有哭闹着要吃点心。

"看来，用过家家游戏教会丹丹换位思考还是很有效的嘛。"妈妈笑着想道。

☆游戏目的

1.锻炼孩子的表达力，提升孩子词汇储备，让孩子学会使用更高级的词汇交流；

2.帮助孩子加深观察力与模仿力；

3.培养孩子对生活的感悟与适应能力；

4.教会孩子如何面对生活中的问题，教会孩子一些生活常识与诀窍。

☆成长记录

您的孩子完成游戏的情况如何呢？

请在下面方框内打"√"或"×"，并填写游戏心得。

在游戏过程中，您的孩子能尽量还原生活场景吗？　□

扮演家长时，孩子会使用一些更高程度的词语与您交流吗？　□

在给孩子安排任务时，孩子的完成程度较高吗？　□

家长游戏心得：

3.自我保护小游戏，不给陌生人"机会"

适龄儿童：3～4岁宝宝

孩子是祖国的花朵，是家庭的希望，这是毋庸置疑的。虽然现在开放了二胎政策，但孩子仍然是每个家庭的掌上明珠。

在家里，家长们会给予孩子无微不至的关爱；在幼儿园，老师也是尽心尽力地栽培孩子。可是，这样的"安全环境"却容易让孩子忽略身边的隐藏危险，也给家庭造成无法挽回的创伤。

随着时代的发展，如何对孩子进行自我保护教育逐渐成为家庭教育的重心。当我们教会孩子呼救时，孩子就有可能在遇到危险时逃过一劫；当我们教会孩子自我保护方法时，就等于在孩子和坏人中间筑起一道防火墙；教会孩子不单独外出，就能避免90%的风险和意外。

所以，家长们在给予孩子保护时，也一定要重视孩子的自我保护。我们不可能24小时跟在孩子身边，孩子懂得自我保护真的很重要。

下面要介绍的游戏不仅能教会孩子规避危险，也能增进亲子感情，锻炼孩子的表达能力。家长可以跟孩子一起操作，帮助孩子获得全方位的自我保护技能。

●游戏准备

参与角色扮演的人，如家长的同事、朋友

● 游戏步骤

步骤1：家长事先告诉孩子，各类
危险的应对措施是什么。

步骤2：进行角色扮演，告诉孩
子场景。

温馨小提示

参与角色扮演的人尽量选择孩子陌生的人，太熟的人会让孩子有松懈心理，不容易认真对待。

当孩子掌握技能后，我们可以在孩子不知情的情况下做一次"实验"，检验孩子是否真的获得了自
我保护的技能。

☆欢乐时光

"园园，如果有不认识的叔叔阿姨来接你，还给你最喜欢的零食吃，你会做怎么办？"

园园听完妈妈的问题，天真地说道："啊？什么零食啊？是果冻吗？"

看着园园如此天真的样子，妈妈在心里叹了口气，然后对园园说道："宝贝儿，你看，咱们看的动画片里总是有好人、有坏人，对不对？"

园园歪着头想了想，说道："对！妈妈，动画片里有好多坏人呢！"

妈妈说道："那是因为我们身边也有很多坏人呀，你看，光头强会用蜂蜜骗熊大熊二，灰太狼会用青草骗小羊，坏人也会用好吃的骗园园啊。"

园园一听恍然大悟："哎呀，妈妈，那怎么办呀？"

妈妈笑着说道："妈妈教园园几个'绝招'，让园园不被坏人抓走。"

园园立刻用力点点头。

只见妈妈打了个电话，不多时，一个园园从未见过的阿姨来了。

园园一见阿姨面生，怯怯地问了声好后，就躲在了妈妈身后。妈妈笑着说道："园园，如果爷爷奶奶、爸爸妈妈都没去接你，这个阿姨去接你了，你会跟她走吗？"

阿姨从包里拿出园园平时喜欢吃的果冻和一个可爱的娃娃，说道："园园，跟阿姨回家玩吧？"

园园警惕地摇了摇头。

妈妈笑着问道："那要是阿姨跟园园说，是妈妈让她来接你的，你会跟阿姨走吗？"

园园想了想，怯怯地点了点头。

妈妈说道："那万一是阿姨骗你的，怎么办？"

园园想了想，说道："阿姨不是妈妈的朋友吗？"

妈妈说道："妈妈没跟园园说，让阿姨来接园园吧？"

园园摇了摇头，说道："那，妈妈，我不跟不认识的阿姨走。"

阿姨笑着说道："园园，阿姨家不但有好多好吃的，还有很多玩具和娃娃，园园跟阿姨回家玩，玩够了，再让妈妈来接园园好吗？"

园园摇了摇头，说道："不好。"

　　妈妈及时夸奖道："对，宝贝，不能跟陌生的人走。你问问阿姨，知不知道妈妈叫什么名字？"

　　园园怯怯地问道："阿姨，您知道我妈妈叫什么吗？"

　　阿姨说道："园园知道妈妈叫什么吗？"

　　园园点点头，阿姨说道："来，园园告诉阿姨妈妈叫什么，阿姨看你是不是真的知道。"

　　园园机敏地摇了摇头："我要是告诉您，您不就知道了吗？您知道我妈妈名字吗？您要是不知道，我就不能跟您走。"

　　阿姨忍不住笑道："你看，园园多聪明啊！看来，我是骗不走园园了。"

　　妈妈也欣慰地笑了："宝贝，就算阿姨知道妈妈的名字，你也不能跟阿姨走，你可以让幼儿园老师给妈妈打电话确认一下，妈妈是不是真的认识这个阿姨。"

　　园园用力地点点头。之后，妈妈又开始教园园新的自我保护技能了。很快，园园就学了不少技能。

☆游戏目的

1. 帮助孩子获得自我保护的技能；
2. 锻炼孩子的表达能力；
3. 增进亲子间的了解和感情。

☆成长记录

您的孩子完成游戏的情况如何呢？

请在下面方框内打"√"或"×"，并填写游戏心得。

孩子能很快学会自我保护的技巧吗？ ☐

面对无理要求，孩子会明确拒绝吗？ ☐

在模拟危险场景时，孩子会表现得很重视吗？ ☐

家长游戏心得：

4.家庭辩论赛，让礼仪与表达并行

适龄儿童：5～6 岁宝宝

墨子曾说，"夫辩者，将以明是非之分，审治乱之纪，明同异之处，察名实之理，处利害，决嫌疑焉。"也就是说，辩论的意义就在于划清是非界限，区别讨论事物的相同点与不同点，然后权衡利弊，分析得失，解决该问题所存的疑惑。

很多家长朋友都会认为，辩论是大人的事，至少是大学生以上人士的活动。其实，让孩子进行辩论赛会更让家长朋友吃惊，不切身参与一场孩子间的辩论，就不会知道原来孩子远比我们想象的更加厉害！

家长朋友要明确，让孩子参与辩论游戏是要活跃孩子的思维、提高孩子的自信、培养孩子的表达能力。

家长对孩子的养育，除了物质生活外，还应更关注精神世界的充盈。使用家庭辩论游戏，可以加深孩子的思维深度，在孩子为辩题做准备时，还可以培养孩子的视野高度与生活广度。这三个维度的训练会决定孩子在未来究竟能否成功。

所谓思维深度，是教会孩子要不断阅读与思考，为自己的观点找到角度与方向，同时详细罗列出自己对所持观点的见解。在辩论时，也能让孩子辨别对方观点有无道理，而后吸纳他人的真知灼见。

所谓事业高度，就是让孩子观察人物、观察事件、观察世界，一个优秀的儿童，一定是对世界充满善意与好奇的，辩论游戏的目的，就是让孩子对自己的观点有一个宏观与微观相结合的综合性把握。

所谓生活广度，就是让孩子通过辩论游戏，学会跟社会相处的方式。不管今天的互联网为人类提供了多大便利，人与人的交流都是不可避免的。辩论游戏可以帮助孩子锻炼口才，培养社交能力。

●游戏准备

手卡

桌椅

纸

笔

●游戏步骤

步骤1：主持人讲解双方要辩论的题目；正方辩手先发言，正方辩手发言完毕，再由反方辩手发言。

步骤2：双方可以使用手卡，但不用手卡辩论的一方可以适当加分；正方、反方其中之一认输，辩论游戏结束。

温馨小提示

　　如果孩子在对方未说完观点的情况下就贸然打断对方的话，家长朋友就要及时引导孩子，告诉孩子这样是不礼貌的。

　　家长要让孩子尝试着放弃手卡，直视对方说话，这样更能培养孩子的自信心，也更能锻炼孩子的语言表达能力。

　　家长要尝试让孩子品尝失败的滋味，给予孩子一些挫折感，也要让孩子感受辩论的胜利，具体需要由家长朋友根据实际情况进行引导。

☆欢乐时光

"爸爸，养狗有什么不好呢？我们就养一只吧！"

"说了不许养就不许养，反正你也就是两天新鲜。"爸爸满不在乎地说道。

妈妈在一旁看着父子俩，笑眯眯地说道："哎，干脆我们来搞个辩论赛，小杰，你只要在辩论赛中赢了爸爸，妈妈就支持你养狗。"

小杰立马高兴地说道："好！什么时候开始？"

"下午开始，你跟爸爸都有一上午的时间来搜集'证词'。"妈妈话音刚落，小杰就迫不及待地去寻找证词了。

到了下午，家庭辩论赛正式开始了！

"你是大人，你先说。"小杰很有大将风度地说道。

爸爸端了端身子，说道："养狗，狗在家里又拉又尿的，你这不是给你妈找活儿干吗？"

小杰眼珠子一转："谁说养狗就非要在家里拉尿的，我可以负责遛它，让它在外面上厕所啊。"

爸爸嗤笑一声："就你，自己玩具都不收拾，你觉得养了狗你能变勤快吗？"

"哎！你，不许人身攻击，记黄牌警告！"妈妈瞪了爸爸一眼。

爸爸赶紧举手投降。小杰继续说道："养狗能培养我的爱心，还能培养我的责任感，狗又是人类的好朋友。"

爸爸显然是没做好准备，他想了想，没有其他理由了，于是只好说道："……反正我就是不同意你养狗。"

妈妈赶紧说道："爸爸不遵守辩论规则，没有礼貌，出示红牌，小杰获胜。小杰，你养了狗之后，一定要遵守你刚才说的话，不然，这个辩论赛就没有意义了。你是男子汉，养了狗，就要承担责任。明白吗？"

"明白了！放心吧，妈妈！"小杰拍着胸脯，兴奋地说道。

☆游戏目的

1. 培养孩子的自信心与临场应变能力；
2. 锻炼孩子的思维深度与表达精准度；
3. 开阔孩子的眼界，培养孩子的礼仪文明，让孩子学会倾听。

☆成长记录

您的孩子完成游戏的情况如何呢？

请在下面方框内打"√"或"×"，并填写游戏心得。

您的孩子会耐心听对方讲述完观点，然后再发表看法吗？ ☐

在辩论过程中，孩子能尝试放下手卡发表观点看法吗？ ☐

如果辩论失利，孩子能很好地掌控自己的情绪吗？ ☐

家长游戏心得：

5.绕口令，口齿伶俐更加分

适龄儿童：5～6岁宝宝

同过家家游戏一样，绕口令游戏也是我国传统儿童游戏之一。它之所以穿越千年，至今仍以各种形式出现在我们的生活中，自然有它存在的意义。

对于孩子来说，绕口令可以通过矫正发音部位、培养清晰吐字、促进灵敏反应、掌握自如用气等方式来锻炼语言的基本功。

作为我国传统民间文化中较为独特的语言形式，绕口令主要是通过声、韵、调来区别那些容易混淆的字。绕口令会让这些易混淆的字相互重叠、交叉、颠倒，使之组成一些短小有趣的段子或句子。

练习绕口令，可以让孩子的头脑反应灵活，也可以作为休闲的趣味性语言游戏，如"山前有个严圆眼，山后有个杨眼圆，二人山前山后来比眼；不知严圆眼比杨眼圆的眼圆，还是杨眼圆比严圆眼的眼圆"。这些绕口令不仅妙趣横生，还能让孩子理解易混淆词语的不同含义。

而著名的"四和十，十和四，十四和四十，四十和十四。说好四和十，得靠舌头和牙齿。谁说四十是'细席'，他的舌头没用力；谁说十四是'适时'，他的舌头没伸直。认真学，常练习，十四、四十、四十四"，则能有效锻炼孩子的口齿清晰程度，让孩子吐字更加清晰，也能让孩子更加自信。

孩子可以通过普通话声母发音的三个阶段来练习绕口令。普通话发音的三个阶段为成阻、持阻和除阻。随着声母发音位置的不同，其吐字的着力点也不一样。"b、p、m"，其吐字时的着力点在双唇，如"炮兵攻打八面坡，炮兵排排炮弹齐发射。步兵逼近八面坡，歼敌八千八白八十多"等；"d、t"，其吐字时的着力点在舌尖，如"大兔子，大肚子，大肚子的大兔子要咬大兔子的大肚子"等。

对于绕口令的练习，家长朋友们要注意循序渐进、持之以恒，在锻炼嘴上功夫时，也要锻炼脑力与心性。

● 游戏准备

四和四，十和十；
十四和十四，四十
和四十

老龙恼怒闹老农
老农恼怒闹老龙
农怒龙恼农更怒
龙恼农怒龙怕农

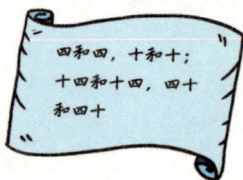

各个版本的绕口令

● 游戏步骤

步骤1：根据孩子的个性差异，找出适合孩子读的绕口令；由家长引导，询问孩子在该绕口令中有没有不认识的读音或字义。

步骤2：帮助孩子理解后，由孩子尝试读出绕口令；在熟悉绕口令后，适当加快阅读速度。

温馨小提示

家长朋友们要根据孩子的实际情况选绕口令。比如对"si""shi"区分困难的孩子，可以选用"四和四、十和十"的绕口令；对"sen""sheng"区分困难的孩子，可以选用"森森生活在森林里"。

对年龄较小的孩子，父母要选择简单短小的绕口令，而对天资聪颖或年龄较大的孩子，父母则要适当提高绕口令难度。

☆欢乐时光

"一位爷爷他姓顾，上街打醋又买布。买了布，打了醋，回头看见鹰抓兔。放下布，搁下醋，上前去追鹰和兔，飞了鹰，跑了兔，打翻醋，醋湿布。"

"哇，妈妈，你太厉害了，我都听蒙了。"

妈妈在萌萌面前露了一手，让萌萌大呼过瘾。看着妈妈这么厉害，萌萌幻想着自己在幼儿园说绕口令，其他小朋友那羡慕的眼神，不由得笑出了声。

"妈妈，你也教我吧！"萌萌央求着。

妈妈想到萌萌"牛"的发音很不准确，于是笑着说道："好呀，宝贝，妈妈先教你一个简单点的，等你把它念熟了，我们就开始说绕口令，怎么样？"

萌萌摩拳擦掌地说道："来吧，我准备好啦！"

妈妈笑着把绕口令写在了纸上，还标注了拼音，同时嘴里念道："小牛扣扣使劲揪，小妞扣扣对准扣眼扣，小牛和小妞，谁学会了扣纽扣？"

萌萌一脸懵懂，妈妈耐心地解释道："萌萌你看，这个绕口令的意思是：小牛扣扣，是说小牛在扣扣子，它扣扣子的时候是使劲儿揪的；小妞呢，扣扣子是对准了扣眼扣的。小妞和小牛，到底谁能学会扣纽扣呢？"

"小妞！"萌萌不假思索道。

妈妈笑得合不拢嘴："对，是小妞，萌萌真聪明，但是现在，妈妈是在告诉你绕口令的意思，不是在问你问题呀。来，宝贝儿，你试着自己念念，看能不能念下来。"

"好的，妈妈。"接着，萌萌认真地念道："小流，哦不，小，牛，扣，扣，使劲揪……小，妞，扣，扣，对，准，扣眼，扣。小，牛，和小，妞，谁，学会了，扣，纽扣？"

看着萌萌认真的样子，妈妈没有出言打扰，而是静静地陪在她身边，听她一遍又一遍地重复着绕口令。

过了十分钟，萌萌自信满满地说道："妈妈！我会了！你听我给你念一遍啊！小牛扣扣使劲揪，小妞扣扣对准扣眼扣，小牛和小妞，谁学会了扣纽扣？"

"哎呀真棒！"妈妈赶紧鼓励道，"下面，萌萌可以试着不看绕口令，把它背下来啦。"

萌萌骄傲地清了清嗓子，认真地练习起来。

☆游戏目的

1. 让孩子准确区分易混淆的字音，让孩子的口齿更加清楚伶俐；
2. 有效提升孩子的口语能力，让孩子的思维更加敏捷；
3. 让孩子接触更多同音不同字的词汇，丰富孩子的词汇量。

☆成长记录

您的孩子完成游戏的情况如何呢？

请在下面方框内打"√"或"×"，并填写游戏心得。

您的孩子在经过练习后，能准确完整地读出绕口令吗？ ☐

在熟悉绕口令后，孩子能适当加快读绕口令的速度吗？ ☐

在学习难度更高的绕口令时，孩子的进步明显吗？ ☐

家长游戏心得：

7

在游戏里，做个逻辑缜密的小天才
——锻炼逻辑力

1.小法官游戏，逻辑线索连连看

适龄儿童：3～6岁宝宝

很多孩子都有一个侦探梦，这并非是孩子对侦探这个职业有兴趣，只是孩子处在成长阶段时，总想通过"破案"这类活动来证明自己。这时我们就要设置一系列"破案游戏"，一边满足孩子的信心需求，一边培养孩子的逻辑思维能力。

0～3岁时，儿童虽然有简单的逻辑思维，但由于生理、心理发展都不完善，我们还不能更好地开发他们的逻辑思维。这一时期，我们只能通过"排大小""看高矮""数数"等游戏来简单地培养孩子的逻辑思维。

到了3～6岁，孩子就拥有了具体形象思维，虽然他们在空间感和立体感方面仍有欠缺，但他们已经能有逻辑地思考问题了。在这一阶段，孩子可能对加减法反应不过来，但如果用"两个苹果加上一个苹果等于几个苹果"的提问方法，孩子也能顺利得出"三个苹果"的答案。

在这一阶段，家长一定要培养孩子正确的逻辑思维能力，并且引导孩子独立思考，不要把现成的答案直接告诉孩子。

基于这点考虑，下面这个"小法官游戏"就非常适合锻炼孩子的逻辑思维能力。

● 游戏准备

法官槌

被藏起来的物品

记录用的纸、笔

● 游戏步骤

步骤1：由爸爸、妈妈或爷爷、奶奶等家庭成员之一，将物品藏起来，然后家长们分别阐述自己在东西丢失时正在做什么。

步骤2：孩子在听完大家的"证词"后，进行思考。家长引导孩子，找出丢失的物品。

温馨小提示

　　这类逻辑游戏，在设计时要注意难度，不要出现太难推理的问题。

　　如果孩子推理不出，家长要在一旁尝试引导，如果孩子出现推理错误，家长要耐心地用简单的话进行解释，让孩子能够听明白；当孩子推理正确，家长要及时予以鼓励，帮助孩子树立信心，增强逻辑思维能力。

　　如果孩子很容易地推理出结果，那么恭喜您有一个逻辑思维缜密的宝宝，下次可以尝试着挑战难度更高的游戏。

☆欢乐时光

圆圆奶奶将桃子藏在柜子里，妈妈向小法官圆圆"报案"。

"小法官，不好了，桌上的桃子不见了。"妈妈说道。

圆圆赶紧召集家庭成员，问大家："大家最后看到桌上的桃子是什么时候？"

圆圆爸爸说道："我是早上上班时看见的。"

圆圆妈妈说道："我是晚饭前看到的。"

圆圆奶奶说道："我是中午睡觉前看到的。"

圆圆把大家说的时间画在纸上，圆圈代表妈妈，三角形代表爸爸，正方形代表奶奶，并推算出桃子最后出现的时间是"△＞□＞○"，也就是说，桃子在晚饭前还在。

这时候，圆圆妈妈说道："晚饭前，妈妈在做什么？"

圆圆想了想，然后说道："妈妈在厨房做饭，给我们准备晚饭。"

爸爸说道："晚饭前，爸爸在做什么？"

圆圆想了想："爸爸回家后就一直跟圆圆在一起。"

奶奶说道："晚饭前，奶奶在做什么？"

圆圆想了想："我不知道，好像在看电视？"

妈妈问道："那么，小法官，桃子是谁拿走的呢？"

圆圆在纸上比比划划了一会儿，突然大声说道："是奶奶，因为爸爸妈妈都没有时间去拿桃子！"

奶奶笑眯眯地从柜子里拿出桃子："圆圆真棒！"

☆游戏目的

1. 帮助孩子增强逻辑思维能力；
2. 锻炼孩子对线索碎片的联系能力；
3. 帮助孩子树立信心。

☆成长记录

您的孩子完成游戏的情况如何呢？

请在下面方框内打"√"或"×"，并填写游戏心得。

您的孩子顺利找到丢失的物品了吗？ ☐

您的孩子在做出选择时，解答是正确的吗？ ☐

您认为孩子可以挑战难度更高的推理游戏吗？ ☐

家长游戏心得：

2.比数量，苹果等于几个哈密瓜

适龄儿童：4～6岁宝宝

随着人们教育意识的增强，不管是家长还是幼儿园，都会将一些晦涩难懂的东西换一种简单有趣的方式教给孩子。有些教育比较先进的幼儿园，老师也会从游戏入手，以游戏为导向，向传统教学模式过渡。

对低年龄段的孩子来说，数学要比语文更容易些，因为10以内加减法的数学知识比抽象的语言和晦涩的古诗词更形象易懂。

其实，对于幼儿园大班的孩子来说，他们已经具备了以下数学能力：

能够从1数到100；

能够从任何数字开始往下数，比如32后面是33，前面是31；

能够写出0～20之间的数字；

能够比较1～10之间任何数字的大小；

能够理解10以内的加减法；

能够看出数字之间的关系，是大于、等于还是小于。

有些家长可能会觉得吃惊，但对于智商正常的孩子来说，这些能力是他们都具备的。如果孩子到了幼儿园大班或学前班，还是无法分清6、9；13、31；10、100之间的关系，可能就是孩子的数感能力被忽略了。

4～6岁是帮助孩子建立数感的最佳时期，大部分数学差的孩子，都是因为在这一时期出现了数感混淆。因此，家长要对孩子进行数学方面的游戏，帮助孩子在兴趣中巩固数感，为未来打好数学逻辑基础。

下面这个"比数量"的游戏就很适合需要巩固数感的孩子。

●游戏准备

苹果、哈密瓜、香蕉等水果的
卡片，每种卡片10张

等号卡片若干张

●游戏步骤

步骤1：在一张苹果卡片和三张
香蕉卡片之间放一张等号。

步骤2：在一张哈密瓜卡片和两张
苹果卡片之间放一张等号。

步骤3：询问孩子，一张苹果卡片等于多少张香
蕉卡片，两张苹果卡片等于多少张香蕉卡片，
一张哈密瓜卡片等于多少张苹果卡片，一张哈
密瓜卡片等于多少张香蕉卡片等问题。

温馨小提示

　　在进行游戏时，要让孩子大声念出所有数字，这样能通过数字来巩固孩子的数感。如果孩子不
能准确分辨数字或数字间的等量关系，家长要做到耐心引导，不要直接说出答案。

☆欢乐时光

"小豪，看爸爸手中的卡片，我们来玩个只有聪明人才能玩的游戏，怎么样，敢不敢挑战？"小豪爸爸指着一堆卡片说道。

"当然！"小豪的兴趣一下子被提了起来。

小豪爸爸拿着几张水果卡片说道："小豪，我用一张西瓜卡片可以换三张火龙果卡片，用一张火龙果卡片能换两张橘子卡片。那我用一张西瓜卡片能换几张橘子卡片？"

小豪歪着头思索了一下："四张。"

"确定吗？"小豪爸爸给了小豪一次机会。

"等等，"小豪开始犹豫了，"等一下。"

看着苦思冥想的小豪，爸爸把一张西瓜卡片和三张火龙果卡片拿了出来："小豪，一张西瓜卡片可以换三张火龙果卡片，对吗？"

小豪点了点头："对的，爸爸。"

"那么，一张火龙果卡片又能换两张橘子卡片，对吗？"爸爸把西瓜卡片旁边的三张火龙果卡片之一换成了两张橘子卡片。

"啊！爸爸，"小豪大叫道，"我知道了！"

说完，小豪迅速把剩下的两张火龙果卡片也换成了橘子卡片，一共是六张橘子卡片。

"爸爸，答案是六，对不对？一张西瓜卡片可以换六张橘子卡片！"小豪立马征询爸爸的意见。

爸爸点头赞许："真棒，小豪，你答对了，恭喜你挑战成功！要不要再来一道？"

"当然要！"小豪受到爸爸的表扬后，兴致勃勃地说道。

看着小豪摩拳擦掌的样子，爸爸心里也十分高兴，两个人的数学游戏又继续下去了。

☆游戏目的

1. 让孩子对数字有清晰的认识；
2. 让孩子对数字间的关系有一个明确的了解；
3. 让孩子在脑海中形成数字形象，加深数感。

☆成长记录

您的孩子完成游戏的情况如何呢？

请在下面方框内打"√"或"×"，并填写游戏心得。

您的孩子能准确分辨 10 以内数字的读法和大小吗？ ☐

在做游戏时，孩子对数字间的关系敏感吗？ ☐

置换水果卡片的数字，孩子还能很好地完成游戏吗？ ☐

家长游戏心得：

3.森林动物集合啦，归纳能力很重要

适龄儿童：4～6岁宝宝

"为什么蝙蝠有翅膀，却不是鸟呢？"

很多孩子在第一次听到"蝙蝠是哺乳动物，而不是鸟"时，都会发出这样的疑问。在孩子看来，蝙蝠有翅膀，鸟也有翅膀，那蝙蝠就应该是鸟类。这时候，如果家长否定孩子的归纳，而将哺乳动物和鸟类的生物区别强行灌输给孩子，孩子可能还是无法理解。

要知道，孩子在进行归纳时，往往靠的是直觉。如果家长强加制止，孩子就会对归纳游戏失去兴趣；如果家长不给出另一种归纳方法，孩子就会满足于"小聪明"，养成不爱动脑筋的毛病。

这种情况下，家长应该怎么做呢？

首先，家长要对孩子给予充分的肯定。很多孩子的归纳思维能力都是被家长无情扼杀的。比如在针对香蕉和皮鞋分类时，不能按照颜色来分类，必须按照可食用和不可食用来分类等，这样就失去了归纳游戏的意义，也会扼杀孩子的思维发散能力。

其次，家长要有意识地给孩子设下疑问。比如在归纳结束后，家长要试着用"还可以用什么方法分类呢"这样的问题来引导孩子，而不是刻板地告诉孩子其他归纳的答案。

最后，家长要将孩子的归纳能力训练融入生活的方方面面，比如在去动物园、植物园和超市时，让孩子试着说出同一类事物。或者在做家务时，让孩子把同类型的衣物、餐具归纳到一起等。

对孩子来说，家长说过的话可能过会儿就会忘记，但是跟家长一同玩过的游戏却会一直留在孩子的脑海中，这种不断培养起来的逻辑归纳能力也将让孩子受益终身。我们可以通过求同法、求异法、共用法、共变法、剩余法这5种方法来判明事物之间的因果关系。但对于孩子来说，这里的归纳法主要是指求同法。

　　也就是说，如果名词之间存在一个共同的条件，那这些名词就可以被归纳为一个类别。比如北极狐跟喜鹊的共同点，是它们都是动物；北极狐跟雪花的共同点，是它们都是白色的；只要找到彼此间的相同点，就可以将它们归纳成一类。

　　因此，在培养孩子归纳能力的游戏中，父母要引导孩子筛选出线索信息，也就是找到各个名词间的共同点。为此，我们特别推荐"森林动物集合"游戏，专门用于培养孩子的归纳能力。

●游戏准备

蛇、蝙蝠、喜鹊、鳄鱼、猫、老虎、大象、豹、狐狸等动物的卡片

3-4个卡片插袋或盘子

● 游戏步骤

步骤1：由孩子找到各个名词卡片间的共同点，也就是找出线索；将同类型的名词卡片放在一起。

步骤2：告诉家长自己归纳的理由；由家长引导，尝试用另一种线索重新对卡片进行归纳。

温馨小提示

游戏难点是对蝙蝠这类动物的归纳，如果孩子言之有理，家长就不要否定孩子的想法，要对孩子的归纳予以肯定，然后教会孩子发散思维。

在培养归纳能力时，家长可以通过归纳的各种名词来丰富孩子的词汇量，教会孩子各种名词的读音，让孩子尽量接触这些名词的写法，促使孩子活跃思维。

☆欢乐时光

小松跟爸爸一起玩"森林动物集合"游戏，爸爸拿出了蛇、蝙蝠、喜鹊、鳄鱼、猫、老虎、大象、豹和狐狸的卡片，然后又单独抽出豹、老虎、猫卡片，说道："小松，这三张卡片上的动物你都认识吗？"

小松点点头："当然认识，这个是猫咪，这个是豹子，这个是老虎！"说完，小松还把手放在脸上，张牙舞爪地做出了老虎的样子。

"儿子真棒！"爸爸赞许道，"现在，森林里的动物要开会了，森林管理员让动物们排成三队，有同样特征的动物要站在一队里。儿子，你觉得应该怎么排呢？"

小松毫不犹豫地把蛇、鳄鱼排在一队，蝙蝠、喜鹊排在一队，猫、老虎、大象、豹和狐狸排在了一队。

爸爸点点头："为什么这么排呢？"

小松简单地说道："喏，爸爸你看，地上爬的，天上飞的，还有用脚走的。"

"真棒！"爸爸夸奖道，"我们还可以怎么排列呢？"

小松想了想，把蛇、猫、蝙蝠、喜鹊排在一队，狐狸、鳄鱼排在一队，老虎、豹、大象排在一队。

爸爸看出了小松的想法，还是问道："这回是为什么呢？"

小松说道："我是按小、中、大来排的。"

"真不错呀！"爸爸点点头，"咱们还能怎么排呢？"

这回小松陷入了思考，过了很久，小松把猫、喜鹊、狐狸排在一起，老虎、大象、豹排在一起，蛇、蝙蝠、鳄鱼排在一起。

这回连爸爸都有点蒙了。

小松指着它们说道："这是我第一喜欢的，第二喜欢的，第三喜欢的。"

爸爸赶紧说道："这也是一种归类方法，但是我们还有其他方法，你看……"

☆游戏目的

1. 培养孩子对各类名词的认知；
2. 培养孩子的逻辑归纳能力；
3. 让孩子在游戏中多动脑、多思考、多试错。

☆成长记录

您的孩子完成游戏的情况如何呢？

请在下面方框内打"√"或"×"，并填写游戏心得。

您的孩子可以准确识别家长设置的名词吗？ ☐

孩子在进行归纳时，归类线索是合理的吗？ ☐

您教授给孩子另一种归类方法了吗？ ☐

家长游戏心得：

4.改编《冰雪奇缘》，"你的发散思维让我惊讶"

适龄儿童：5～6岁宝宝

思维就像硬币，它不止有一面。而创新能力，其核心就是发散思维。当家长让孩子畅所欲言地思考问题时，就等于给孩子的思维插上了一双翅膀。

发散思维是一种高质量的思维，如果家长在孩子思考问题时，多引导他们用一些"假如……""假定……""否则……"之类的问题，就能让孩子们换一个角度思考问题，才能出现别人没有的想法，从而发现别人看不到的问题。

在孩子开始上学，尤其接触了理科后，寻求"唯一正确答案"就对他们产生了极大影响。追寻唯一答案的固定型思维会让孩子的思维模式越来越单一，虽然他们受到了教育，也学到了知识，但思维却容易固化，应变能力也会被限制，未来会难以适应社会复杂的环境。

教孩子使用发散思维，就是引导孩子学会从不同角度去观察事物，这是发散思维的重要方式。有些问题仅从一个方面看似乎是不可能解决的，但如果换一个角度，可能就顺利地得到解决了。

与直线型思考方式不同，发散思维是更加立体、开放、多向的思维方式。在发散思维的游戏中，孩子能产生更多解决问题的方法，也能帮助他们更好地吸收新知识。

改编童话或动画电影，对孩子来说是个很好的发散思维锻炼方式。改编原本就是件有趣的事情，跟孩子一起阅读一篇童话，或者观赏一部电影，再跟孩子一起改编游戏，培养孩子的想象力与发散思维，是一件再好不过的事情。

● 游戏准备

一本童话书或一部动画电影

● 游戏步骤

步骤1：由家长引导孩子，读一篇童话或一起观看一部动画影片。

步骤2：读书或观影毕，家长向孩子提问最喜欢
的角色；让孩子运用发散思维改编角色的命运。

温馨小提示

　　家长朋友们在进行思维游戏时，要注意多鼓励、少批评，帮助孩子建立自信，鼓励孩子求新，培养孩子的发散思维，训练孩子能够沿着不同的方向、通过不同的途径去思考问题。

　　不要否定孩子的想法，在孩子与同龄人玩改编游戏时，注意引导孩子"结局不止有一个，每个人改编的结局都是对的，没有错的"，以防止孩子间的争吵。

☆欢乐时光

"囡囡，你还记得跟妈妈一起看的《冰雪奇缘》吗？"囡囡的妈妈说道。

"记得，"囡囡开心地说道，"雪宝、艾莎、安娜、鹿鹿，还有那个坏王子！"

囡囡妈妈赞许地说道："囡囡记性真好，那囡囡最喜欢哪个角色呀？"

囡囡转了个圈，说道："艾莎，当然是艾莎公主。"

"那么，囡囡还记得艾莎公主最后怎么样了吗？"妈妈问道。

"嗯，"囡囡想了想，"艾莎回来了，跟安娜幸福地生活在一起了。"

妈妈摸着囡囡的小脑袋，引导着说道："囡囡觉得艾莎当女王会开心吗？"

囡囡点点头："会！当女王可以穿漂亮的裙子。"

妈妈笑着说道："当服装设计师也可以穿漂亮裙子呀。"

囡囡想了想："那，就让艾莎当服装设计师。"

"那，艾莎当了服装设计师之后，她的生活是怎么样的呢？"妈妈继续引导。

"艾莎当了服装设计师，每天都穿很漂亮的裙子，她有一条特别漂亮的紫色裙子，上面还有亮片片，闪闪的，大家都很喜欢，都更喜欢她了。"囡囡歪着头说道。

"真不错呀！"妈妈做出一副羡慕的样子，"然后呢？"

"然后，艾莎就离开大家，去森林里当了服装设计师，安娜带着雪宝去找她，可是走啊走啊，天太热了，雪宝融化了，安娜就把雪宝放进了冰箱里。突然，安娜想到，让艾莎给雪宝做一个不会化的冰裙子，雪宝就不会融化啦。然后，艾莎就给雪宝做了一个超级、超级、超级漂亮的冰裙子，比紫裙子还要漂亮，雪宝就变成了原来的样子，原来雪宝是个超级帅的帅哥。然后，雪宝变成帅哥，就跟艾莎幸福地生活在一起了。"看着囡囡眉飞色舞地说着，妈妈不停地点头。

"真不错呀，囡囡，等爸爸回来了，我们也把这个故事讲给爸爸听，好吗？"

"好！"囡囡高兴地说道。

☆游戏目的

1. 培养孩子的发散思维，让孩子学会举一反三；

2. 打破结果定式，让孩子想办法改变结果；

3. 教会孩子跳出固有思维，就像法国生物学家贝尔纳说的："最妨碍认知的不是未知，而是已知"。

☆成长记录

您的孩子完成游戏的情况如何呢？

请在下面方框内打"√"或"×"，并填写游戏心得。

您的孩子在改变童话或电影时有困难吗？ ☐

在面对孩子的天马行空时，您给予孩子鼓励了吗？ ☐

孩子改编的故事，您与孩子一起进行总结了吗？ ☐

家长游戏心得：

----

5. "跟我相反"，反向逻辑真奇妙

适龄儿童：5～6岁宝宝

"宝贝，3+1等于4，那1+3等于几呢？"

"……5？"

有时候父母会惊讶孩子的思维方式，因为明明是同样的两个数，为什么换个位置，孩子就不知道等于几了呢？其实，这是逆向思维的问题，如果孩子出现这种情况，那就证明他的逆向思维锻炼没有跟上。

所谓逆向思维锻炼，就是让孩子学会从相反的方向思考问题，学会在遇到困难时，另辟蹊径找到方法，让问题得以解决。

有逆向思维的孩子，懂得不断创新、不断超越，懂得让自己更快地成长。我们可以笃定地说，逆向思维游戏是一项很有益处的早教方式，它不仅能开发孩子的智力，还能帮助孩子对原本不感兴趣的事情充满乐趣。

比如孩子不想做作业，觉得自己做作业很辛苦，妈妈却很清闲。这时候，妈妈就可以说"我来做作业，你来检查好吗？"然后，妈妈会把作业的答案都写错，再由孩子给妈妈讲解错题，列出正确解题步骤，然后教育妈妈下次要认真等。

其实，培养孩子的逆向思维很简单，只要通过句式转换和头脑风暴等方式即可。

我们先看句式转换。父母在跟孩子沟通时，可以让孩子学会把"我把一杯牛奶喝掉了"变成"一杯牛奶被我喝掉了"。虽然只是简单地将"把"字句换成"被"字句，但孩子却可以慢慢习惯反向思考、反向运用，孩子的逆向思维也可以在无形中获得锻炼。

而"头脑风暴"的运用，就是家长和孩子聚在一起，各抒己见解决各种问题。比如父母可以问孩子"一元钱可以用来做什么""一张纸有多少种使用方法"等。这种方式可以促进孩子思维活跃，让孩子的能力得到有效开发。

下面这个"跟我相反"的小游戏不仅趣味十足，而且可以锻炼孩子的逆向思维能力。

● 游戏准备

空地和一定的人数

指挥官（家长）

● 游戏步骤

步骤1：参加游戏的人横向站成一排，指挥官与大家面对面站好。由指挥官发布游戏规则，当指挥官说"站起"时，大家要蹲下，当指挥官说"抬头"时，大家要低头，当指挥官说"向左转"时，大家要向右转。总之，大家的行为要跟指挥官的口令相反。

步骤2：当参赛者中出现跟指挥官命令一致的人时，则该参赛者被淘汰；由指挥官给最后的胜出者颁发奖品。

温馨小提示

  如果是孩子跟同龄朋友们一起玩，家长要秉持公平原则；如果是家庭游戏，可以适当多给予孩子两次机会，这样更能提起孩子兴趣。

☆欢乐时光

"天天，你叫着几个小朋友，来家里玩游戏吧？"妈妈笑着对天天说道。

"啊？太好啦，妈妈，"天天很开心，问道，"我们玩儿什么呢？"

妈妈神秘一笑："今天我们玩儿一个'跟我相反'小游戏，到时候你们就知道啦。"

天天开心地邀请小朋友们来家里玩，很快，天天家里就来了4个小伙伴。

天天妈妈站在大家面前说道："宝宝们，咱们先面对着我，来排成一个横排。"

小朋友们很快就站好了。

天天妈妈说道："下面，我说站起来时，大家要蹲下；我说抬头时，大家要低头；我说向左转时，大家要向右转。总之，大家要跟我说的反着来。好吗？"

"好！"小朋友们开心地齐声回答。

天天妈妈看着站好的小朋友们，说道："我们先试一下啊，这把不算，来，大家准备好——抬头！"

有三个小朋友立刻把头低下去了，天天和另一个小朋友犹豫了一下，把头抬了起来。

做对了的三个小朋友立刻笑了，纷纷告诉他俩"你俩做错啦！""哎呀！不是要反着来吗？"

天天和另一个小朋友低下头，妈妈赶紧上前说道："抬头的反义词是什么？"

"……低头？"两个小朋友怯怯地说道。

"对！你们真棒！"天天妈妈肯定地说道，"慢一点不要紧，我们好好想一想，再试一次好吗？"两个小朋友用力点头。

"来，大家准备好——蹲下！"

有两个小朋友犹豫了一下没有动。剩下的小朋友都蹲下了，大家思考了一下都笑了，纷纷纳闷自己怎么会做错。

天天妈妈也笑了："好！我们现在正式开始了啊，做错的小朋友要下场休息一会儿，等着下次比赛。而胜利的小朋友，我会奖励小饼干一袋！预备——开始……"

☆游戏目的

1. 培养孩子对上下、左右、站坐等相反词语的认知；
2. 让孩子在日常生活中，运用逆向思维解决问题；
3. 让孩子将复杂的问题简单化，提高做事效率。

☆成长记录

您的孩子完成游戏的情况如何呢？

请在下面方框内打"√"或"×"，并填写游戏心得。

您的孩子能对上下、左右、站坐等相反词语进行正确认知吗？ ☐

您的孩子在做游戏时，表现得兴趣浓厚吗？ ☐

如果输掉比赛，孩子会发脾气吗？ ☐

在下一次比赛时，孩子的表现有所提高吗？ ☐

家长游戏心得：

第八章│Chapter 8

让孩子主动管理时间
——做好时间管理

1.沙漏计时器，让孩子对时间有概念

适龄儿童：4～6岁宝宝

沙漏，曾经又被称为沙钟，顾名思义是一种测量时间的用具。现在的沙漏大部分是由两个球状的玻璃器皿，与一支狭窄的连接管道构成。在内部注入沙子后，沙子就会通过玻璃球，穿过狭窄的管道流向底部。我们可以从市面上购买到15分钟、30分钟甚至是1小时的沙漏。

对于孩子来说，沙漏跟钟表的意义不同。沙漏更像一个倒数的计时器，能适当给予孩子压力和动力，这样更能帮助孩子在有限的时间中完成固定的任务。

时间管理不仅对成人有帮助，对孩子也是一样的。懂得进行时间管理的孩子，都会在各个层面上优于同龄人。

孩子的自控能力较弱，因此，他们更需要培养管理时间的习惯，这样才能更高效地工作。而沙漏因其色彩缤纷、造型各异，对孩子来说比冷冰冰的时钟更能激发时间管理的兴趣。

家长朋友需要引导孩子正确制定计划，这样才能帮助孩子有序地工作，让所有任务，如学习、手工、体育等都能按部就班地进行，也能让孩子每天有充盈的时间休息。那么，孩子最好从什么时候开始学习时间概念呢？答案是从出生开始。

在孩子尚未学会说话时，家长朋友们就要有意识地告诉孩子，"现在是白天""现在是晚上，要睡觉了"，等孩子上幼儿园后，家长朋友则要有意识地引导孩子，"今天我们要做什么""刷牙洗脸的时间是多少""白天要上幼儿园""晚上要睡觉""上厕所时间不要太久"等。

当然，这时候准备一只沙漏，由家长和孩子一起体验时间的流逝，对孩子来说也是一场非常棒的体验，这能引导孩子更充分地利用时间。

●游戏准备

纸

沙漏

笔

●游戏步骤

步骤1：在纸上做出两个以上、五个以下的简单计划，且每个计划所需时间要大致相当。

步骤2：将沙漏倒置，按照计划完成纸上记录的工作；完成所计划工作，则将沙漏归正。

温馨小提示

　　家长朋友们要注意引导孩子，不要为了在短时间内完成而影响活动与工作的质量，告诉孩子在关注数量的同时也要注意质量。

☆欢乐时光

"婷婷，这个沙漏的时间是15分钟，你觉得15分钟都可以做什么事呢？"

"15分钟太少了，嗯……估计，不够我吃个点心的吧？"婷婷想了想，认真地说道。

妈妈听着婷婷天真的回答，不由得有些哭笑不得。

只见妈妈从盒子里拿出一只装满紫色细沙的漂亮沙漏，对婷婷说道："宝贝，这个东西的名字叫沙漏。来，你看，这个沙漏只要倒过来，就能让沙子顺着中间的通道流到下面，沙子流完的时间刚好是15分钟。"

"哇，妈妈，这个沙漏好漂亮啊！"婷婷开心地说道。

妈妈也笑了："来，婷婷，我们来看看你15分钟都能做些什么吧？"

"好！"婷婷好奇地打量着沙漏，却一下子不知道该做什么了。

"对了，婷婷，你早上不是说想画画吗？"妈妈在一旁提示道，"那我们就来画画吧。"

婷婷赶紧去拿了画笔和白纸，然后郑重其事地将沙漏倒了过来，看着沙子一点点流逝，婷婷也紧迫起来，她赶紧拿出画笔，铺开白纸，又因为手忙脚乱而碰掉了铅笔和橡皮。

"别着急，宝贝儿，你就按平常的速度来。"妈妈笑着说道。

婷婷点点头，开始在纸上画起了公主。

随着婷婷的"渐入佳境"，她也逐渐忘记了还有沙漏计时的事。画着画着，婷婷突然停下，到客厅倒了杯水喝，喝完又开始从零食箱找果冻，还给妈妈也拿了一个。

坐下吃了果冻，又削了铅笔，婷婷继续画起了画。等画画好后，妈妈亮出手中的沙漏笑眯眯地说道："看，婷婷，刚好15分钟！"

婷婷显然忘记了沙漏的事情："妈妈，15分钟这么快就过去了？"

"是呀，婷婷，时间总是在我们不经意间就流逝了。"妈妈说道，"但是，婷婷却利用这15分钟做了不少事情呢！你看，你画了一张漂亮的画，还削了铅笔、喝了水、吃了果冻。所以，只要婷婷懂得珍惜时间、节约时间，还能做更多的事情呢！"

"哇，真的呀，妈妈，我刚才做了好多事情呢！"婷婷开心地说道，"妈妈，我们再来下一个15分钟吧！我想看看这次能不能多做点其他的事情，或者画一张更漂亮的画！"

☆游戏目的

1. 帮助孩子了解时间的各种特性；
2. 帮助孩子有效管理时间；
3. 帮助孩子有计划地活动与工作。

☆成长记录

您的孩子完成游戏的情况如何呢？

请在下面方框内打"√"或"×"，并填写游戏心得。

您的孩子是否能在沙漏的规定时间内完成计划的内容？　☐

您的孩子在制定计划时，能否做到较为合理？　☐

通过沙漏计时器，孩子在制定计划时是否能分清轻重缓急？　☐

家长游戏心得：

2.分蛋糕游戏，最大的蛋糕留给最重要的事

适龄儿童：5～6岁宝宝

不管是家长也好，孩子也好，在处理事情时，我们总是要分个轻重缓急。比如写作业比看动画片重要，而上厕所又比写作业重要。因此，家长要在孩子大致了解时间概念后，有意识地教会孩子如何规划时间。

规划时间的前提，是孩子要学会配合父母。家长要让孩子知道，作了约定就要按时履约，这就是规划时间的前提。比如家长跟孩子约好，第二天早上九点出发去超市购物。如果孩子能提前规划好起床、洗漱、换外衣、上厕所等时间，在九点前做好出发准备，那家长就要予以及时表扬，并且可以同意孩子在一定价格范围内，挑选一件自己喜欢的东西；如果孩子磨磨蹭蹭、拖拖拉拉，明明做好约定，却不能按时出发，那孩子就失去了挑选物品的机会。此时，不管孩子哭闹也好，难过也罢，父母都要温和地引导和坚持，不能向孩子妥协。久而久之，孩子自然会主动地规划自己的时间。

在引导过程中，父母也可以跟孩子一起做时间计划。比如父母起床时，可以把孩子叫起来，让孩子先去上厕所，然后再去洗漱，把时间跟父母错开。当孩子在厕所呆得时间太久，或选衣服的时间太久时，父母就要予以引导，让孩子学会减少此类时间，或压缩其他时间来弥补这段较长的时间，这样孩子才能认识到时间的重要性与宝贵性。

其实，比起大人，孩子的自制能力要弱一些，所以他们比大人更喜欢拖延。除了大脑前额叶皮层功能区发育不完善等生理原因外，更多的是行为原因。产生拖延类行为的原因，就是父母没有引导孩子掌握管理时间的方法。

有些孩子一回家就打开电视，或拿出玩具先玩上半天。或者一边看电视一边玩玩具、一边做作业，这就是造成作业完成时间久且质量不高的原因。

面对这种情况，家长可以有意识地告诉孩子，做作业要比玩乐重要，一边做

作业一边玩，结果是玩也玩不好，还耽误了重要的功课。这时，家长可以跟孩子沟通当天的作业有什么，每科作业大概要多久做完，然后跟孩子一起合理地将时间分配写在纸上。当然，孩子想先玩一会儿也是可以的，但一定要约定好时间，并且让孩子学会遵守约定。

在家长引导孩子制定时间计划时，不要告诉孩子"七点到九点是做作业的时间"，而是要告诉孩子，"七点我们开始做作业，用二十分钟把数学作业做完，然后休息五分钟，再开始做语文作业，语文作业我们要用的时间久一点，要花四十分钟，但是做完语文作业，我们可以休息十分钟，然后再写二十分钟的英语作业。做完作业后，你就可以去玩了。"

只有这样完善细致地引导孩子规划时间，孩子才能对时间有更具体的概念，在日后自己规划时间时，也会仿照父母的方式，进行更加科学合理的时间分配。

总之，教会孩子管理时间的意义之一，就是引导孩子区分事情的轻重缓急，让孩子明白重要的事情排第一。下面这个分蛋糕游戏，就是一个很好的管理时间小游戏。

●游戏准备

笔

纸

直尺

圆规

●游戏步骤

步骤1：教孩子使用圆规，在纸上画一个圆圈，代表蛋糕。

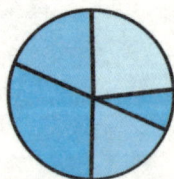

步骤2：让孩子列举出需要做的事情，如数学作业、英语作业、语文作业、休息、看动画片、玩乐高积木等；跟孩子一起，预估出每项事情大概所用的时间。

步骤3：用笔和直尺在圆圈里画出大小不一的范围，将所用时间最长的一件事放在最大的范围内，其他事情也放在相应范围。

温馨小提示

家长要引导孩子自己规划时间，比如孩子认为二十分钟可以做完语文作业，这时，家长要抱着不怕试错的态度，让孩子尝试一下自己列时间表，这样对孩子自行规划时间更有帮助，也能让孩子更有时间方面的概念。

☆欢乐时光

"康康，宝贝，你吃蛋糕的时候，是先吃蛋糕上的樱桃，还是后吃樱桃呢？"

"当然是先吃樱桃啦，我最喜欢樱桃了，"康康一脸期待，"怎么了妈妈？今天有蛋糕吃吗？"

妈妈笑着刮了康康鼻子一下："小馋猫，妈妈是想让你画一个樱桃蛋糕，怎么样，你会画吗？"

"当然会啦，这有什么难的。"康康立马拿出白纸和画笔，还有圆规和直尺。妈妈前段时间刚教了自己如何使用圆规，这次正好练习一下。

"用圆规的时候，小心扎到手。"妈妈忍不住提醒道。

"知道啦，妈妈，"康康小心翼翼地用圆规画了一个大圆圈，"画好啦！"

妈妈帮康康拿过直尺，说道："宝贝儿，你觉得练钢琴、学画画、看动画片、背古诗和玩积木，哪个最重要呢？"

康康想了想，认真地说道："学画画最重要，因为我马上就要参加画画比赛了。练钢琴也重要，最不重要的是玩积木，但是我很喜欢玩积木。"

妈妈笑着说道："康康你看，这个蛋糕像不像客厅那个圆圆的挂钟？如果这块蛋糕是5个小时，你打算把这5个小时怎么分给刚才说的5项活动呢？"

康康毫不犹豫地拿过直尺，画了最大的蛋糕给了学画画，还在上面点缀了很多樱桃。接下来，她又将第二大的蛋糕分给了练钢琴，接下来则是背古诗。

到了看动画片和玩积木环节，康康变得有些犯难。在她看来，这两个都是自己喜欢的活动，而且看起来，这两个却又都不太重要，怎么办呢？

看着康康为难的样子，妈妈在一旁提醒道："康康觉得玩积木收获大，还是看动画片收获大？"

康康想了想，肯定地说道："玩积木，《×××》和《××》这两部动画片都不怎么好看，如果是看迪士尼动画片，那就看动画片收获大。"

妈妈笑着说道："那么，我们就把玩积木的时间适当调长一点吧？"

划分完蛋糕后，妈妈说道："康康你看，这个蛋糕就是你的时间和精力，如果你把最大的蛋糕分给最重要的事情，那你也会在某一天收获到最大的蛋糕，明白吗？"

康康点了点头："妈妈，我知道你的意思啦！"

☆游戏目的

1. 教会孩子时间的重要性，让孩子对时间有更细化的概念；
2. 教会孩子做事分清轻重缓急，要给重要的事情留足时间；
3. 让孩子学会使用圆规与直尺，加深孩子的几何思维；
4. 让孩子更有计划性，告别拖延症。

☆成长记录

您的孩子完成游戏的情况如何呢？

请在下面方框内打"√"或"×"，并填写游戏心得。

您的孩子能准确区分哪部分事情所用时间更多吗？ □

孩子自行计划的时间表，在您看来是合理的吗？ □

孩子能够努力按照自己制定的时间表完成任务吗？ □

家长游戏心得：

3.玩乐日，"妈妈，为什么一直玩游戏也会难受"

适龄儿童：5～6岁宝宝

在父母看来，爱孩子必要为其计深远。可孩子却不这么认为，他们看到家长制止自己玩游戏，只会觉得委屈难过，并通过苦恼、沉默等方式与家长对抗。因此，家长要通过一些尝试，让孩子知道时间的宝贵，以及再喜爱的事情做多了也会物极必反。

比如有些孩子，不管上幼儿园也好、上小学也好，总是喜欢迟到。迟到的原因复杂多样。比如，有些孩子因为赖床导致时间不充裕，那家长朋友们就可以将孩子入睡时间尽量提前，改掉孩子晚起的习惯。再比如，有的孩子因为穿衣服慢，那就要锻炼孩子的穿衣服速度等。家长还可以跟孩子一起制定一些奖惩措施，比如上学迟到，晚上就不能看动画片等。总之，家长要学会让孩子承担责任，自己承担行为的后果，这样才是真正对孩子好。

因为每个孩子性格都是不同的，有的孩子比较急躁，做事风风火火的，不用家长催促也能将事情做得很快。但这类孩子的缺点是比较粗心，所以针对这类孩子，家长要给他们更多的选择与决策机会，也要让他们注重质量而不是数量。

而对于完美型的孩子，他们对自身的要求很高，在做事情前更喜欢细致地考虑问题，而对这类孩子，父母尽量不要催促他们，以免忙中出错。

当然，更多的孩子迟到或拖延只是因为平时过得松散，做事比较没有效率。因此，家长要重点帮助这类孩子规划学习和玩乐的时间。

更要注意的是，家长朋友也要在时间管理上以身作则，给孩子树立榜样。在有空的时候，家长最好陪着孩子一起学习。比如孩子在做作业时，爸爸可以在一旁辅导，妈妈可以看看书、写写字等。家长跟孩子一起学习，孩子就不会觉得不公平，也不会觉得学习痛苦了。

孩子在成长过程中肯定不会一帆风顺，所以小范围的试错对孩子的成长反而更有帮助。下面这个"玩乐日"游戏，就能帮助孩子通过试错更好地珍惜时间。

●游戏准备

孩子喜欢的玩具、动画片、游戏等

●游戏步骤

步骤1：跟孩子约定一个玩乐日，比如连续一周都能认真完成自己的工作，就可以使用玩乐日。

🕐 10分钟

步骤2：如果孩子玩累了，家长要引导孩子继续玩乐，让孩子明白物极必反的道理。

温馨小提示

在孩子提出玩够了的要求时，家长要让孩子再坚持10分钟左右，这样孩子才能体会到玩乐时间长了也会痛苦，才能更加合理地规划学与玩的时间。

☆欢乐时光

"涵涵，今天妈妈给你放个假，我们不上补习班，也不许学习，只许玩耍。"

"哇，真的吗？妈妈太好了，我太高兴了！"

涵涵一听说妈妈给她放了假，顿时开心地手舞足蹈起来。其实，涵涵并不觉得上补习班很累，但一想到自己能玩一整天不学习，涵涵就非常激动。

"我先玩什么好呢？"涵涵自言自语道。在她看来，玩乐日的时间太珍贵了，反而不知道该从哪里玩儿起。

先看会儿动画片吧。

涵涵用电脑打开了《长发公主》，然后津津有味地看了起来，看着看着，涵涵觉得大好时光用来看动画片太浪费了。于是，她又拿了芭比娃娃来玩。

玩儿了一会儿芭比娃娃后，她有点累了。看了看表，现在还不到中午呢。

平时这个时候，自己应该在补习班上硬笔书法课了吧？教硬笔书法的老师经常说些有趣的故事，把大家逗得前仰后合，今天该学"丿"了，不知道大家学得怎么样。

"哎，不想了，接着看动画片吧。"涵涵摇了摇头，又打开了《冰雪奇缘》。妈妈在一旁看着涵涵的表现，忍不住偷偷笑起来。

勉强看完《冰雪奇缘》，涵涵已经有些不耐烦了，甚至还有点头昏脑胀。看了看表，现在还不到 11 点，也就是说，下午也要这样度过了。

好不容易熬到中午，涵涵坐在餐桌上没精打采地吃着午饭。妈妈趁机问道："怎么样，涵涵，上午玩儿的好吗？"

涵涵强打着精神说道："啊，还好啊，妈妈，挺好的。"看着涵涵嘴硬的样子，妈妈也没有戳穿，而是继续等待涵涵自己的醒悟。

到了下午两三点钟，涵涵已经玩得非常疲乏了，她面前摆着尚未拼好的拼图，只见涵涵突然把手中拼图扔下，跑到妈妈面前说道："妈妈，我不想要玩乐日了，我头都玩疼了，能不能别再让我玩了？"

妈妈笑了："涵涵，你不是觉得学习很累，玩游戏很轻松吗？"

"不了，妈妈，我不想玩了，"涵涵趴在床上气闷道，"今天，我还不如去上书法课，起码不会这么难受。"

看着涵涵气鼓鼓地样子，妈妈笑的更开心了："不管什么事，做多了就烦了，涵涵以后要想偷懒，想玩乐不学习，就多想想今天的感受吧！光学习不玩不行，光玩不学习也不行，我们要注意学与玩相结合才行啊！"

☆游戏目的

1. 让孩子明白物极必反的意义；

2. 让孩子懂得时间需要合理规划，不能一件事做到底；

3. 要让孩子明白玩乐同学习一样，都不是轻松的事；同样，学习同玩乐一样，也都不是痛苦的事，让孩子通过玩乐日的体验摆正心态，摒弃偏见。

☆成长记录

您的孩子完成游戏的情况如何呢？

请在下面方框内打"√"或"×"，并填写游戏心得。

孩子在玩乐过程中，会较早呈现出疲惫状态吗？ ☐

在提出休息被拒绝时，孩子会对玩具表现出不耐烦吗？ ☐

玩乐日结束后，孩子会觉得更加轻松吗？ ☐

家长游戏心得：

4.画番茄，学会利用整体时间

适龄儿童：5～6岁宝宝

前面几节内容中，我们提到了孩子自控力较成人更弱的问题。针对这个问题，不少人都希望通过细碎时间来达到整体学习的效果。但其实，这个方法只适用于没有时间但自律性很强的人，对于孩子来说却并不合适。要想让孩子提高时间的利用程度，最好的办法还是教会孩子利用整体时间。

早在1992年，一位名叫弗朗西斯科·西里洛的瑞典作家便创立了整体时间利用法，也就是大部分人都听说过的"番茄工作法"。这种番茄时钟的用处，就是帮助人们更加简便地管理时间。

对于孩子来说，使用番茄时钟能更好地告诉孩子整体时间的重要性。不管是学习还是其他事物，都是需要一个循序渐进的过程，没有那种学习方式是一蹴而就的。

使用番茄工作法，就是让一项工作能够更有效率地完成。比如引导孩子将番茄时间设置为25分钟，那么在这25分钟时间内都不要做任何与工作无关的事，直到25分钟结束，再开始全身心的短暂休息，休息过后，再继续进行下一个25分钟。同时，每进行4个番茄时段，可以进行一次时间较长的休息，来调节心情和体力。

在设定番茄时钟的过程中，如果孩子突然想到有什么重要的事情，家长要学会适当地引导。比如，孩子要做的事情是很急迫的，那么就立刻停止这个番茄时钟，哪怕它即将完成了；如果不是很急迫的重要事情，就等这个番茄时钟结束后，再着手进行下一个整体时间。

番茄时钟不仅可以极大地提高孩子的学习效率，还会让孩子拥有成就感。让孩子学会时间管理，能促使孩子更加自律，提高孩子的自主性，让孩子学会科学的自我管理。

下面这个番茄时钟能很好地解决孩子的时间管理问题，我们不妨一起来操作一下。

● 游戏准备

可定时的闹钟

● 游戏步骤

步骤1：思考每日要规
划的任务，并且将任务
逐条写在列表中。

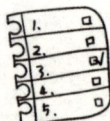

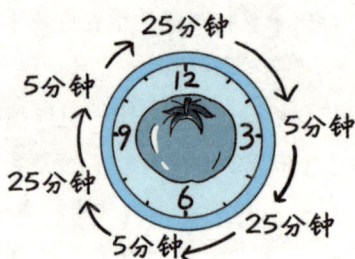

25分钟
5分钟
5分钟
25分钟
25分钟
5分钟
25分钟

步骤2：设定一个番茄时钟，可以是定
时软件、app或闹钟等，将时间设定为
25分钟，这25分钟内不要安排其他工
作。在完成第一项任务后停止工作，
在列表中的相应位置画"x"，然后休
息3~5分钟，比如喝点水，活动一下。

步骤3：短暂休息后，开启下
一个番茄时钟，如此循环，直
到完成列表里的任务为止；每
四个番茄钟后，设定一个较长
的休息时间，如半小时。

30min

温馨小提示

每个番茄时间是整体的，是不可分割的，不能将番茄时间斩半，也不可以将番茄时间延伸。

如果在规定的番茄时间内，孩子做了任何跟工作无关的事情，则该时间作废，要重新启动一个新的番茄时
间。

不要在非学习时间使用"番茄时钟"，如用3个番茄时间看动画片等。

☆欢乐时光

"曼曼，你觉得一个完整的番茄，和一个被咬了一口的番茄，哪个烂得更快？"

"当然是咬了一口的番茄烂得更快呀。"曼曼不解地回答道。

"那，曼曼觉得用25分钟时间学习，跟用5个5分钟学习，哪个能学得更好？"妈妈继续问道。

"妈妈，我背一首诗，要多久啊？"曼曼歪着头问道。

"差不多15分钟吧。"

"那肯定是用25分钟时间学习更快啦，5分钟我连半首诗都背不下来呢！"曼曼毫不犹豫地说道，然后抛给妈妈一个"这么简单你还要问"的表情。

妈妈抿嘴一笑："那我们来玩儿个番茄时钟小游戏吧。规则是这样的：曼曼一旦启动番茄时钟，那这25分钟时间内都不要做任何与工作无关的事情，等时间到了，我们就可以休息了。还有，如果曼曼突然想上厕所或做其他很重要的事情，这个时钟就作废，不管这次的时钟里我们做了多长时间，下次我们都要重新开始。怎么样，要不要玩？"

曼曼似懂非懂地想了想，表示同意妈妈的游戏。

就这样，周六上午8:30，曼曼启动了第一个番茄时钟。她先用蓝色和红色的颜料调了一些紫色，然后又画了一张水彩画。"丁铃铃铃——"随着番茄时钟的结束，曼曼开始休息。9:00，曼曼开始背古诗，是李白的《黄鹤楼送孟浩然之广陵》。这首古诗的字词意思曼曼还不太懂，但好在朗朗上口，随着9:25的铃声响起，曼曼顺利地背完了这首古诗。

接下来是英语，曼曼要描ABC。随着第三个时钟按下，曼曼一笔一划地临摹起了英文字母，很快曼曼就进入了状态，甚至还能默写下不少字母。到了10:00，曼曼已经完成了三个番茄闹钟。

曼曼伸了个懒腰，无意间看了看表，她惊讶地对妈妈说道："天啊，妈妈，我竟然只用了一个半小时，就做了这么多事情呀！"

妈妈也赞许道："是呀曼曼，平时这个时候，你连古诗都没背下来呢。"

曼曼开心地说道："太棒了，以后我每天都要用这样的时钟！"

☆游戏目的

1. 帮助孩子减轻时间不够或效率不高的焦虑；
2. 提升孩子的注意力与集中力，减少中断任务的因素；
3. 增强孩子的决策意识，提高孩子的耐性与持久力；
4. 帮助孩子树立不达目的不罢休的决心，改善学习流程。

☆成长记录

您的孩子完成游戏的情况如何呢？

请在下面方框内打"√"或"×"，并填写游戏心得。

您的孩子在番茄时钟内，能做到不受其他因素干扰吗？ ☐

孩子因番茄时钟作废而重新制定时，会表现出更强的决心吗？ ☐

孩子的番茄时钟列表是由孩子主导完成的吗？ ☐

家长游戏心得：

9

赞美与鼓励，让孩子笑着说"我输了"
——培养情商与格局

1.喂动物，培养孩子柔软的童真

适龄儿童：2～4 岁宝宝

说到小动物，不少家长都明确表示不许在家养。因为家养小动物会给孩子带来一定的危险，而且对家庭的卫生环境也不利。可是，让孩子亲手饲养小动物，不仅可以激发孩子的责任心和爱心，还可以让孩子对自然、生命等产生探索兴趣。

在没有饲养宠物打算的家庭中，家长可以有意识地多带孩子与小动物接触，比如去附近的动物园游玩，一方面让孩子感受到欢乐，另一方面激发孩子的爱心与责任感。

如今，有些动物园会在温和动物园区，为带孩子的游客提供有偿投喂活动。其实，这对孩子来说是一个很不错的体验。孩子在投喂动物时，家长和工作人员会为孩子讲解这种动物的习惯，也会提醒孩子正确与动物相处，用温柔的方式对待动物等。在孩子投喂的过程中，一些孩子会一边投喂，一边尝试跟小动物说话，这是一种很好的沟通方式。如果孩子出现与动物说话的现象，家长朋友们一定不要打扰孩子，而是要让孩子好好享受这种氛围，这对孩子的格局培养将起到很好的作用。

投喂动物还可以让孩子学会尊重生命。这种活动为孩子提供了接触自然与动物的机会，也在不知不觉间为孩子上了一堂生动的生物课。孩子会在轻松愉快的氛围中观察到，动物其实跟人一样，都有着百态性格，也有喜怒哀乐。他们会从动物身上看到母爱，也会通过一些人和动物的行为来反思自己。

科学家还给出了相关证明：孩子在跟动物相处的过程中，体内会分泌出一种激素，帮助孩子宣泄情绪、减缓压力。而研究也表明：有饲养动物经历的孩子，其社交承受力更强，且有较强的自尊与责任感。因此，家长朋友们不妨带着孩子与动物接触，让孩子充分感受到大自然与生命的馈赠！

●游戏准备

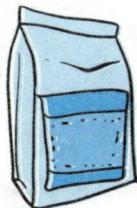

饲料若干

●游戏步骤

步骤1：由家长或动物园导游讲解所投喂动物的
生活习性及投喂技巧；家长为孩子做示范，让孩
子学习正确投喂的方法。

步骤2：让孩子亲自投喂动物，不要打扰孩子的投喂感受。

温馨小提示

　　在投喂动物时，家长一定要注意引导孩子，不要随意投喂，也不要在投喂动物时做出会伤害动物或激
怒动物的举动，以免发生危险。

☆欢乐时光

"小风，这周六老爸不加班了，带你去野生动物园！"小风的爸爸是一名程序员，尽管工作忙碌，但是并没有忽视对儿子的教育和陪伴。小风看了动物世界后对动物产生了浓厚的兴趣，想要去动物园看真动物。

"耶耶耶，去动物园喽！"小风高兴得手舞足蹈起来。

野生动物园很大，有些野生动物散养着，有些在房间里或栅栏里。游客可以坐在小火车里，一路观赏动物。

老虎狮子在草地上来回踱着步，仿佛在巡视着自己的领地，守护着自己的疆土。长颈鹿低着头不停地咀嚼着游客伸手投喂的草料。栅栏里的黑熊憨憨地举起双手作揖，引得游客一阵阵欢笑后，心安理得地啃着游客投喂的食物。

小风被逗得咯咯直笑，也学着其他人，想要把自己手中的零食扔向金丝猴。

"小风，这个不可以喂动物啊。"爸爸及时制止了小风扬起的小手，"每种动物都有自己喜欢吃的、能吃的和不能吃的食物。如果随便喂食，他们可能会拉肚子生病的。"

"爸爸，可是我也想喂小猴子。"小风满脸期待地望着爸爸。

"没问题。走，我们去饲养员阿姨那了解一下小猴子爱吃什么？"爸爸指着前面一位饲养员阿姨说道。小风跑在前面，拉着爸爸向前跑去。

饲养员阿姨详细讲解了金丝猴的喜好食物、投喂技巧。还讲了它们一些日常调皮的故事、生活习性。小风一脸专注，最后得到了饲养员阿姨手中的投喂食物。

小风问爸爸："这些动物真可爱，可是为什么它们不在大森林里生活？"

爸爸笑了："这个问题，你可以好好想想啊，为什么它们会在动物园里生活？是在动物园里生活好，还是在森林里生活好？"

小风想了想："在动物园好！吃得好睡得好，想睡就睡，还可以跟阿姨们玩！"

爸爸笑着说道："可是，小风，动物园里不用每天为食物奔波，饲养员会按时把食物送到嘴边，但失去的是自由。生活在森林里是可以自由地奔跑、跳跃，但是要随时警惕天敌的攻击，要自己捕获食物。所以，每件事都有好的一面和坏的一面，懂了吗？"

小风似懂非懂地点了点头，又开心地拉着爸爸奔向下一个小动物区了。

☆游戏目的

1. 培养孩子的感受力，让孩子保持善良、爱心和责任感；
2. 帮助孩子正确宣泄情绪、缓解压力；
3. 让孩子学会反思人类行为，开阔孩子的眼界与思维。

☆成长记录

您的孩子完成游戏的情况如何呢？

请在下面方框内打"√"或"×"，并填写游戏心得。

您的孩子在投喂动物时，会被动物触动情感吗？ ☐

孩子会听从工作人员引导，使用正确方式投喂动物吗？ ☐

在投喂结束后，孩子会试图与您交流自己的投喂心得与见闻吗？ ☐

家长游戏心得：

2.贴鼻子游戏，失败了也会很开心

适龄儿童：3～6岁宝宝

家长朋友们可以回想一下自己的宝贝：

是否遇到困难就喜欢抱怨，负面情绪较多，喜欢将过错都推到家人和别的小朋友身上？

是否任性固执，喜欢以自我为中心，不愿意倾听别人说话，且缺乏自制力？

是否缺乏独立性，做事喜欢依赖父母，没有主见，遇到困难就容易退缩？

是否喜欢对别人发脾气，稍有不顺意，就会大哭大闹地发脾气？

是否不尊重父母长辈，虽然在外面老实，但却是个"窝里横"？

如果孩子可以对号进入上面任何一种情况，那就说明宝贝的情商已经出现了问题。

是的，情商并非是成人世界才有的东西，对于孩子来说，情商更是非常重要。尤其现在很多家庭都是一个孩子，特别是住在城市里，由于缺少农村孩子一起玩耍的氛围，孩子就更容易因为各种问题染上不好的习惯。

对于从小住在单元楼房里的独生子女们，一些需要与人配合的游戏就只有在幼儿园里才能玩。而对于情商已经出现问题的孩子，这些需要与朋友共同进行的游戏，更成为孩子看似熟悉、实则陌生的社交方式。

这里为家长朋友们推荐一款经典的贴鼻子游戏，这个游戏尽量让孩子跟同龄人一起玩耍，才能有效培养孩子的情商与社交能力，帮助孩子纠正一些格局问题。而对情商尚未出现问题的孩子来说，这个游戏也能帮助孩子吸引人气、培养自信、提高情商与社交力。

贴鼻子游戏是一个特殊的游戏，即便孩子在最后关头出现失误，也能跟大家开怀一笑，甚至可以说，这个游戏是失败者游戏，贴得越离谱，反而越能受到同龄人的追捧。因此，让孩子与同龄人一起玩贴鼻子游戏，也是帮助孩子提升社交力、消除隔阂与陌生感的好方法。

●游戏准备

磁性白板　　　　眼罩　　　　画好的脸谱　　　　磁力鼻子

一段没有障碍的路，参与者若干

●游戏步骤

步骤1：小朋友们轮流上场做"贴鼻子人"，剩余人则充当助手，帮助"贴鼻子人"找准方向；"贴鼻子人"戴好眼罩，确定不透光后，在原地转三圈，然后在其他人的指挥下走向脸谱。

步骤2：把手中的鼻子贴在脸谱上，助手们可以故意捣乱，诱使"贴鼻子人"贴错位置；贴好后，"贴鼻子人"摘下眼罩，查看结果。

温馨小提示

　　家长要引导孩子，失败也是一种收获，有时候失败要比成功收获得更多；在贴鼻子成功后不要骄傲，失败也不要哭闹，跟小朋友们一起开开心心地玩耍最重要。

☆欢乐时光

"媛媛，你去邀请小伙伴，一起来家里玩游戏吧？"

媛媛看了看妈妈，握紧小拳头，鼓起勇气走出了家门。

由于爸爸工作变动，媛媛一家搬到了新的城市。新的房子、新的学校、新的邻居，但是却没有新的小伙伴。媛媛有些争强好胜，做什么都想得第一，因此和小区的孩子仿佛有某种隔阂，渐渐地，越来越难以融入。

"今天，我们来玩'贴鼻子'游戏，哪位小朋友第一个来做榜样呢？"妈妈和蔼地说道。

小朋友们你看看我、我看看你，犹豫不决。"媛媛，你来做个示范，"媛媛站在了中央，面对着前方的白板。"好，先用这个眼罩蒙住眼睛，然后请丽丽、天天、亮亮来做你的助手，指挥你贴好鼻子。"

媛媛蒙着眼睛一步一步走向白板，摇摇晃晃的样子引得大家哈哈大笑，气氛开始活跃起来。

"对，左边点。"

"右边右边，哈哈哈哈，往右边。"

由于转完圈又蒙着眼睛，媛媛走了两步身体打晃差点摔倒。旁边的亮亮赶忙扶住了媛媛。虽然不知道扶住自己的是谁，但是媛媛感受到了朋友的关心和照顾，心情开阔起来。稳住了身体，媛媛继续向前走去，旁边小朋友的"加油"声像一双双温暖的打手，托着媛媛走向白板。

"啪！"媛媛在大家的帮助下，终于把鼻子贴上了，然后摘下了眼罩。"噗嗤"，媛媛自己也笑了。原来自己把鼻子贴到了眉毛上。小朋友们更欢快了，笑声连绵不绝。亮亮忍不住蹦起来，举着手自告奋勇："我来我来！看我的！"

媛媛发现，尽管自己鼻子没有贴到完美的位置，但是同样快乐，大家也给予了热烈的掌声。原来，和朋友们在一起努力做成一件事，失败也是一种收获！

☆游戏目的

1. 考验孩子的配合力与协调力，增强团队的凝聚力与合作力；
2. 培养孩子的方向感与情商，在失败时学会付诸一笑；
3. 帮助孩子了解和感受盲人的世界，激发孩子对弱者的同情心与保护心。

☆成长记录

您的孩子完成游戏的情况如何呢？

请在下面方框内打"√"或"×"，并填写游戏心得。

孩子能顺利找到脸谱，并将鼻子贴到正确位置上吗？ ☐

如果孩子成功，会主动与您分享贴鼻子的心得吗？ ☐

如果孩子贴鼻子失败，会跟其他小朋友一起开怀大笑,而不是哭闹吗？ ☐

家长游戏心得：

----

3. "你也很棒"，不做骄傲的小喜鹊

适龄儿童：3～6岁宝宝

当孩子在幼儿园表现出色时，经常会大方地表现出来，尤其喜欢跟父母、朋友炫耀一下，这是一种沾沾自喜的表现。但放在情商上面，沾沾自喜又有很大的几率跟"骄傲"挂钩。

对于孩子来说，他们大多不太懂骄傲的含义，只知道自己表现得很好，就应该受到大家的夸赞。但如果在一场活动中，受到夸赞的孩子因为开心，跑去向失落的小伙伴炫耀，这就会伤害小伙伴的感情，也让自己的情商与格局失衡。

当然，孩子因为表现优秀而向家里炫耀，这种行为并不应该受到家长的谴责和批评。家长需要肯定孩子的表现，同时对孩子的情绪进行引导，要通过有智慧、有方法的教育，给孩子展现为人谦虚的好处以及自满的后果。

我们都知道，父母是孩子最好的老师。如果家长能在孩子面前"演"一出戏，就能让孩子产生更加深刻的印象。

比如，爸爸因为受到奶奶表扬，而在妈妈和孩子面前夸耀自己，妈妈就可以对孩子说，"你看爸爸这个洋洋得意的样子，你喜欢吗？"孩子肯定会摇头否定爸爸的行为，这时候，妈妈就可以引导孩子，"如果幼儿园老师表扬你，而批评其他小朋友，你会怎么做？"孩子很可能就会给你一个惊喜的答案，比如，"我会告诉老师，其他小朋友表现得也很好。"

也就是说，在面对孩子骄傲的问题时，家长朋友们要先保持一种平和的心态，对孩子的优秀表现给予及时的肯定，同时要引导孩子说出其他小朋友的优点，以及自己需要改进的地方。作为孩子，骄傲一点是在所难免的；这时候，家长不要去泼冷水，而是要引导他接触更多更优秀的孩子，让他认识到人外有人。家长还可以稍微提高难度，让孩子品尝失败的滋味。

在面对孩子骄傲的问题时，家长也要做到冷静应对，不要上来就批评孩子，也

不要置若罔闻，要先反思自己平时的表现，是不是给孩子树立了不好的榜样。是不是孩子骄傲的时候，自己也跟着眉开眼笑，而孩子失利的时候，家长也变得冷眼相待。

另外，家长也要适当满足孩子的虚荣心。我们都知道，如果鼓励孩子的骄傲，孩子的虚荣心就会膨胀；如果打压孩子的虚荣心，孩子就会觉得父母不了解自己，甚至是不爱自己。因此，家长朋友要注意引导孩子，帮助孩子恢复常态。

下面这个"你也很棒"的告白类游戏，不但能培养孩子的情商与格局，也能让孩子更设身处地的为他人着想，我们一起来看看吧！

●游戏准备

糖果若干

●游戏步骤

步骤1：引导孩子，在取得成功时对其他小伙伴说"你也很棒"；
让孩子给其他失利的小朋友分发糖果，并让孩子学会说出对方的优点。

步骤2：回家后，耐心倾听孩子对活动的心得和总结。

温馨小提示

家长要注意，引导孩子从心里夸赞对方，而不是流于表面。

☆欢乐时光

"妈妈，今天我在幼儿园被表扬了！我真开心呀！"

妈妈看着天天的笑脸，摸摸了他的头，然后拿出一盒糖果："天天，老师为什么表扬你呀？"

天天抬起圆圆的小脑袋，一脸骄傲地说："今天我回答对老师的问题，得到了5个小红花，是最多的！"

"哈哈，真棒！"妈妈把糖果盒子打开，剥开一颗牛奶糖，送到天天的嘴边，"这是奖励你的糖果，只有优秀的孩子才能吃糖果。"

天天张开嘴含住了奶糖，一股甜甜的味道在舌尖弥漫开来："我是我们班最厉害的，其他小朋友都比不过我，这些糖果都是我的！"

"天天，你看糖果还有这么多，如果让你分给你的朋友，你会给谁呢？"

天天看着盒子里的糖果，不假思索地说："我要给琪琪和小明。"

琪琪和小明是天天的好朋友，三个人住在一个小区，经常在一起玩耍。

"只有优秀的孩子才能吃糖果，你要说出他们哪里优秀才可以哦。"

"嗯。"天天掰着手指，陷入了思考，"琪琪做手工最厉害，她会做小鹿、小马还有小兔子。小明能吃，一个人可以吃4个包子，我们都叫他魔人布欧。"说完天天"咯咯咯"地笑了，不知是想起自己得到的小红花，还是想到了像魔人布欧的小明。

"你看，其实每个人都有自己擅长的，也有自己的闪光点。你再想想，你们班的小朋友各自有什么闪光点呢？"妈妈看着天天，继续引导着。

"浩哥长得壮，能自己搬起一张这么大的桌子。"天天边说着边双手伸开，仿佛抱了一个熟透的大西瓜，"丽丽漂亮，她还会画画，五颜六色的特别特别好看，你看——"说着天天从书包里掏出一张折叠好的画，上面是各种颜色的花，花瓣上还有一只粉红色的蝴蝶。

"天天，明天去幼儿园把这些糖果分给其他小朋友。在分糖果时，就像今天这样说出他们的优点。大家要互相学习，共同进步。"

"好的，妈妈！"天天开心地抱起糖果盒，放到了自己的小书包里。

☆游戏目的

1. 培养孩子的情商与格局，提升孩子的好人缘；
2. 培养孩子的共情心，提高孩子的社交力。

☆成长记录

您的孩子完成游戏的情况如何呢？

请在下面方框内打"√"或"×"，并填写游戏心得。

孩子在您的引导下，能做到从心里尊重对手，并鼓励对手吗？ ☐

在对其他小朋友说出"你也很棒"时，孩子会表现得谦虚吗？ ☐

跟炫耀相比，孩子更顾及其他小伙伴的心情吗？ ☐

家长游戏心得：

4.木头人游戏，让孩子知道规则的重要性

适龄儿童：3～6岁宝宝

提到规则的重要性，相信每位家长都有体会。不管是孩子世界，还是成人世界，都需要有一系列规则来维持人们的正常生活。对孩子来说，他们有父母的保护，所以在规则意识方面会有些淡漠。为了让孩子对规则产生意识，木头人这款考究令行禁止的游戏就非常适合孩子玩耍。

木头人游戏能让孩子明白，坚持和放弃、谨慎和大胆都是成功必备的因素，也能让孩子明白，想要成功，就要遵循一定的规则，并且在规则下进行最大努力。如果不按照规则进行游戏，即便第一个跑到终点，也难逃淘汰的命运。

孩子也会明白，在达成规则共识的情况下，任何违反规则的人都会自觉或公推地受到惩罚，这是一种责任。而且，在规则面前，每个人都是平等的，没有谁有权力逃脱。

在失败的人接受惩罚时，如果试图逃避惩罚，或狡辩自己没有犯错，其他人就会藐视他甚至用言语刺激他，除非孩子向大家承认错误。这并非坏事，反而能从侧面帮助孩子更好地承担责任、遵守规则。

在孩子长大步入社会后，必然会遇到很多繁花似锦的陷阱与诱惑。如果家长不能让孩子从孩童时期就树立规则意识，就会让孩子的未来出现各种问题。

这个木头人游戏，其规则就是告诉孩子，虽然在一定时段要表演成不会行动的木头，但终究还是要跑向终点的。这个游戏是告诉孩子们，要学会运用发散思维与经营思维，同时也要学会克制与管理自己，这样才能获得最后的胜利。

更何况，游戏的本意就是为孩子创造快乐，即便是接受惩罚，也要在孩子能接受并快乐的范围内。不要使用让孩子痛苦的惩罚方式，用一些合理且有趣的方式，才能帮助孩子正视惩罚的作用，才能帮助孩子健康成长。

下面，就让我们一起进行快乐的木头人游戏，一起帮助孩子正视规则、遵守规则吧！

● 游戏准备

参赛人员

惩罚措施（如贴纸条）

● 游戏步骤

步骤1：划定起点和终点，一个人在终点捂住双眼，说出"木头人不许动"这句话。

步骤2：在说话期间，起点的人可以往终点走，但是当说话者说完话并回头时，所有人是不能动的，动的人要被淘汰；起点人如果跑到终点都没有被说话人"抓住"，就视为比赛胜利。

温馨小提示

　　如果是孩子跟同龄朋友们一起玩，家长要秉持公平原则；如果是家庭游戏，可以适当多给予孩子两次机会，这样更能提起孩子的兴趣。

☆欢乐时光

"佳佳，玩这个游戏的前提是遵守规则，你能做到吗？"

佳佳一听玩游戏，当即拍着胸脯保证："妈妈，你说吧，我遵守、遵守、肯定遵守！"

妈妈被佳佳逗乐了："这个游戏叫一二三、木头人，佳佳在玩游戏时，一定不要偷偷动哦！这是我们之间的君子协定！"

佳佳点点头："好！妈妈，我去把露露和圆圆叫来一起玩！"

不多时，小区里年纪相仿的孩子们都聚集到佳佳家单元门前，随着佳佳妈妈的一声令下，大家迅速进入游戏状态中。

第一轮抓人的是小区里一个叫坤坤的小男孩，只见他不急不缓地说道，"一——二——三——"等到大家略有松懈，坤坤立马加快了语速："木头人！"

坤坤的话音刚落，几个小朋友立马停下了前进的脚步。

只见佳佳一条腿在前，一条腿在后，正保持着冲刺的样子；露露耍了一套"螳螂拳"，正纹丝未动严阵以待；坤坤喊停后，圆圆恰好在金鸡独立。坤坤坏笑一下，来到圆圆身边检查她是否是"木头人"。

一秒、两秒，圆圆坚持不住败下阵来，坤坤大笑一声，其余小朋友也辛苦地憋着笑意。坤坤继续喊着"一二三、木头人"，很快，第一位胜利者出现了，是一个叫梦梦的小朋友。紧接着，圆圆和佳佳也顺利到达了终点。

下一个抓人的是露露，她似乎想报刚才的一箭之仇，于是一直紧盯着坤坤不放。在露露一心一意检查坤坤的时候，几个小朋友已经悄然到达了终点。

紧接着，佳佳开始抓人。只见佳佳吸取了前面几位"前辈"的经验，语速有急有缓地念着"一二三、木头人"，不多时，佳佳就淘汰了两位小朋友。

妈妈在一边笑意盈盈地看着，佳佳一直遵守着游戏规则，丝毫没有想投机取巧的意思。

☆游戏目的

1. 让孩子萌生规则意识，明白令行禁止的重要性；
2. 加强孩子的心理体验，让孩子们增进彼此感情；
3. 让孩子学会控制情绪，维护人际关系，培养社交力。

☆成长记录

您的孩子完成游戏的情况如何呢？

请在下面方框内打"√"或"×"，并填写游戏心得。

您的孩子会为了赢得比赛而狡辩自己没有动吗？ ☐

在确认被淘汰后，孩子能痛快地承认并且在旁边观看吗？ ☐

当自己的朋友获胜时，孩子会为朋友高兴吗？ ☐

家长游戏心得：

10

我不怕脾气，用游戏让孩子接受并管理情绪
——学会控制情绪

1.枕头大战，让孩子适当宣泄情绪

适龄儿童：3～4岁宝宝

孩子的天性是爱玩，他们似乎总有用不完的精力。如果家长朋友一直将孩子圈在桌前的四方天地，不但对拓展孩子的思维不利，也对孩子的身体不利。

枕头大战能很好地宣泄和释放孩子的情绪，也能锻炼孩子的灵敏性，而且枕头又很柔软，不像其他有棱角的玩具容易伤到孩子。如果家长朋友能找到其他小朋友和其他家族成员共同玩耍，还能通过组队的模式，锻炼孩子的团队协作能力。

我们都知道，大人在受到压力的时候，需要通过一些方式宣泄压力，孩子也是如此。不管是社交方面还是学习方面的压力，孩子都可以通过丢枕头的方式进行宣泄。

玩过枕头大战的家长朋友，大都会有这样的经历：孩子在玩到兴奋时，嘴里都会"哇哇"大叫，甚至还会出现"我豁出去了""你个大笨蛋"之类的。这时，家长不要打断孩子，也不要制止他们宣泄情绪，除非孩子出现说脏话等过激现象。

在陪孩子玩耍时，家长也要注意不要用力跟孩子玩耍，但也不要总让孩子赢，不然孩子稍微遇到点失利，就会表现出崩溃的样子。

最好是让孩子十局中赢得两三局，这样既能激发孩子的斗志，也能让孩子认识到自己不可能永远一帆风顺，不可能永远都赢。

对于孩子来说，丢枕头这样比较刺激、胜负又随机的游戏是很好玩的。而且，枕头大战通常是多人参与的游戏，这样可以锻炼孩子的团队协作能力、身体协调性、反应力，还可以调动孩子的感官，让孩子的听觉、视觉、触觉和平衡力都获得充足的锻炼。

就像我们跑完步后的酣畅淋漓，孩子在进行枕头大战后，也会有舒畅的感觉。而且，在家长的引导下，孩子会直面成败胜负，增加感悟。

下面，就让我们一起进行欢乐的枕头大对决吧！

●游戏准备

枕头若干

●游戏步骤

Team 1

Team 2

步骤1：由家长或孩子主导，将参与人员分成两队；每队选出队长，开始进行枕头大战。

步骤2：对方被打中头部三次即为淘汰。

温馨小提示

如果是孩子跟同龄朋友们一起玩，家长要秉持公平原则；如果是家庭游戏，可以适当多给予孩子两次机会，这样更能提起孩子的兴趣。

☆欢乐时光

淼淼最近心情不太好，她在画画比赛前感冒了，所以只得了三等奖，这让淼淼很不开心。加上她的好朋友小叶转学搬到了另一个城市，淼淼的心情就更低落了。

妈妈看着淼淼不开心的样子，很怕她会出现情绪问题，于是，趁着家里爷爷奶奶都在家，妈妈对淼淼提议道："淼淼，我们来玩儿丢枕头吧？"

听到妈妈的建议，淼淼有些提不起兴致，一旁的爸爸趁机用软绵绵的枕头"攻击"了淼淼，淼淼被爸爸攻击了，立刻笑着拿起旁边的小枕头反击，爸爸又把枕头扔给了妈妈，三个人就在卧室展开了枕头大战。

淼淼大喊道："妈妈，咱俩一伙儿，打爸爸啊！"

妈妈跟淼淼组成一队，向爸爸发起了进攻。这时，爸爸大声说道："停！你俩这不公平呀，二对一，等着，我去找帮手！"说着，爸爸让爷爷也加入了战斗。

枕头在两队之间你来我往，不一会儿爷爷就累了，妈妈趁机说道："淼淼，爸爸队要输了，快！我们乘胜追击！"

淼淼激动地又拿起枕头向爸爸冲去，一边冲，一边嘴里还喊着"大笨蛋""我冲呀"之类的词语。如果在平时，妈妈肯定会制止淼淼，但现在她却没有指责孩子，而是任由淼淼在枕头大战中发泄自己的情绪。

过了一会儿，淼淼终于累了，她躺在床上大口大口地喘着粗气："哎呀，不行了，妈妈，我太累了。"

爸爸跟妈妈相视一笑，看来，这次淼淼的情绪发泄得很顺利啊。

☆游戏目的

1. 锻炼孩子的团队协作能力、身体协调性、反应力；
2. 调动孩子的感官，让孩子的听觉、视觉、触觉和平衡力都获得锻炼；
3. 让孩子宣泄情绪，也让孩子学会正视胜负。

☆成长记录

您的孩子完成游戏的情况如何呢？

请在下面方框内打"√"或"×"，并填写游戏心得。

当孩子输掉比赛时，能很快调整好心态和状态吗？ ☐

孩子会主动要求父母不要让着自己吗？ ☐

孩子能通过游戏，顺利排遣心中压力吗？ ☐

家长游戏心得：

2.救火员小游戏，不做爆发的"火烈鸟"

适龄儿童：3～6岁宝宝

有些孩子经常会因为一点小事而"大爆发"，他们无法控制自己的情绪，发起脾气来就像一只暴躁的火烈鸟，或者哭闹，或者尖叫。其实，孩子控制不住脾气，跟游戏时间不够、游戏内容不强有很大关系。

早在1940年，美国的儿童心理学家就提出了游戏对儿童的重要性。在对3岁、5岁和7岁孩子进行自我控制力试验时，发现5岁孩子能坚持3分钟，3岁孩子无法完成要求，而7岁孩子可以很好地完成要求。

时间到了2000年，另一位儿童心理学家重新进行该试验，却发现7岁孩子只能坚持3分钟，3岁、5岁的孩子都无法完成要求了。

科学家对这一研究结果给出的解释是，孩子随着游戏时间的减少，自我控制力也随之减弱，因为儿童培养自我控制力的关键途径就是游戏。在游戏中克服障碍、控制情绪，这对儿童的身心发展有明显好处。

这款救火员小游戏，就很适合需要控制情绪的孩子。

救火员小游戏的内容，是让孩子学会分辨情绪，正确认识情绪。比如在看动画片的时候，动画片人物出现愤怒的表情，家长就可以引导孩子说，"看，某角色现在生气了，如果是你，你会怎么办？"这时候，孩子会设身处地地想，如果是自己生气，用什么方式会让自己开心起来，比如"我会气得跑步""我可能要吃个雪糕""我要去找xx（好朋友）聊天"等方式。当孩子给出一些具体方法时，孩子的思维就会从"我生气了"转变为"我要做些什么才能不生气"。

其实，孩子的世界很简单，孩子的情绪也很简单。家长要做的，就是引导孩子接纳自己的情绪，控制自己的情绪，最后不怕出现情绪。

下面这款"救火员小游戏"，就可以很好地帮助孩子控制自己的情绪。

●游戏准备

笔

本子或大张白纸

孩子喜欢的玩具、
书和零食等

●游戏步骤

步骤1：让孩子在纸或本上写出自己最近出现的几种情绪，如：生气、伤心、开心、激动等，孩子分辨不出开心与激动，生气与伤心的区别时，家长要耐心讲解。

步骤2：在每一种情绪的下面，由孩子设置一个救火开关，比如：生气——默念苹果糖，伤心——默念太阳光等，让孩子给自己缓冲情绪的心理暗示。

步骤3：情绪缓冲后，孩子会冷静下来，此时再由孩子分析自己生气的原因，并自己给出解决方法。解决问题后，家长可以让孩子试着想象当时发脾气了会出现什么后果；孩子正确处理好自己的情绪后，家长可以给孩子一些奖励。

温馨小提示

　　家长要注意引导孩子接受情绪、处理情绪，而不是遇到问题就让孩子忍。

　　在孩子解决问题后，家长要给孩子口头鼓励，或给孩子一些小零食小玩具，但不要让孩子为了奖励而故意进行"救火员小游戏"。

☆欢乐时光

"妈妈是笨蛋，我昨天说了早餐要吃火腿，结果只有蛋糕！"

"妈妈是笨蛋，那天天不就是小笨蛋了嘛？"妈妈微笑着俯身捡起天天扔到地上的小鹿勺子，转身放到桌子上，"这样，我们一起玩个游戏好不好，如果你表现得好，妈妈就带你去吃你最喜欢的牛肉面。"

天天用食指拨动着刚刚撅起的小嘴，想到了牛肉拉面的香味，咽了下口水。大眼睛忽闪忽闪，把没有火腿吃的事忘得一干二净。

妈妈在书桌上找到碳素笔，在纸上写下了几种情绪：生气、伤心、开心、激动、忐忑、紧张；然后又把天天最喜欢彩虹糖和画册放在旁边。这时天天也把蛋糕吃完，去水池把手洗干净了。

"天天见过消防员叔叔救火吗？"

"见过见过，房子着火了，消防员叔叔拿着大水管'刷刷刷'冲着火苗喷水。"天天一边说着，抱起自己的冲锋枪开始"救火"，认真的样子把妈妈逗笑了。

"我们今天就玩一个'救火'的游戏。"妈妈把做好的卡片放在天天面前："我们每个人，不论是大人还是小朋友，生活中都会遇到这些情绪。有些情绪就像燃起的小火苗，如果不及时扑灭，可能会变成熊熊大火。今天，你就是消防员，想办法来灭掉这些小火苗。"

第一个情绪是忐忑。天天一脸不解地望着妈妈，不知道忐忑是什么感觉。妈妈告诉天天，忐忑就是心一上一下地跳动，比如考试考了60分，害怕妈妈知道，但是老师又要求家长签字，这个时候心情就是忐忑的。天天听到这，脸红了，想到自己前几天考的80分："那天我就是感觉到一点忐忑。"

如何救火呢？天天想了想，说："虽然我考了80分，但是妈妈爱我，骂我也是为我好，我保证下次考100分！"天天说完长出一口气，仿佛把自己一上一下跳动的心稳稳地按在了胸口。妈妈拍拍手，奖励了天天一颗彩虹糖。

天天在妈妈的引导下开始正视这些情绪，又接连灭掉了剩下的几个"小火苗"。最后妈妈让天天想想，该怎么灭掉"今早没有火腿吃"这个生气的小火苗？

"唔，虽然妈妈忘了给我准备火腿肠，但是小蛋糕松松软软的很好吃，而且妈妈还要带我去吃牛肉面。哈哈哈，牛肉面。"天天站起身，拉着妈妈的手："妈妈，我们去吃面吧！"

☆游戏目的

1. 帮助孩子认识各类情绪，并学会接纳情绪；
2. 让孩子懂得不乱发脾气的好处，也让孩子学会正确排解情绪的方式。

☆成长记录

您的孩子完成游戏的情况如何呢？

请在下面方框内打"√"或"×"，并填写游戏心得。

孩子能准确分辨开心与激动、难过与生气这类相近情绪的区别吗？　☐

在孩子控制不住发脾气时，事后会主动反省自己吗？　☐

您的孩子能正确接纳和处理自己的情绪吗？　☐

家长游戏心得：

3.抢椅子，当观众也很有趣

适龄儿童：4～6岁宝宝

虽然现在二胎政策开放，但大部分家庭都还是一个孩子，作为独生子女，孩子的性格就更容易带有棱角。比如某些孩子胜负欲极强，又比如某些孩子根本不懂竞争。

其实，胜负欲强并不是完全的褒义词，就跟不懂竞争不完全是贬义词一样。胜负欲强，说明孩子懂得竞争的优势，也有勇气和自信面对竞争。而不懂竞争的孩子，生活方式要更加简单，这也未尝不是一种优势。

在竞争中寻找一种平衡，这是父母需要引导孩子的关键所在。作为家长，父母要善于发现孩子的优点，并且对优点给予充分肯定。

竞争跟独立性也是分不开的。要想锻炼孩子的竞争意识，家长就要有意识地鼓励孩子做一些力所能及的事情。家长朋友要给孩子树立一种"我自己来""我能行"的思维方式，这样才能培养孩子的竞争意识。

当然，要想扩大孩子的格局、提高孩子的情商，就要教会孩子在竞争中合作，在竞争中保持良好心态。

良性竞争的培养，也是家长要引导孩子的重点方面。在教育孩子参与竞争时，家长要注意给孩子灌输良性竞争的概念，如：公平、公正、公开等。公平，即不要小手段，竞争要相对平等；公正，即诚信有礼；公开，即不自私狭隘，要光明磊落。

一个人的竞争意识和自我意识的发展关键期，其实就在他的孩童时期。孩子会逐渐显露出自己的独立人格，也会开始在意自己在他人眼中的形象。这时，孩子的竞争意识开始萌芽，家长需要对此进行正确引导。

作为引导竞争力的游戏，抢椅子是再合适不过的了。对于孩子来说，将竞争放进游戏中更能激发孩子的胜负欲。何况，抢椅子是个趣味十足的游戏，就算被淘汰成为观众，孩子也会从中获得乐趣。

●游戏准备

欢快的音乐

椅子若干

奖品若干

●游戏步骤

步骤1：给孩子们讲述规则，并播放音乐，让孩子们跟随音乐跳舞热身。

步骤2：准备若干椅子，椅子背向里摆成扩散的圆形，要注意椅子要比孩子的数量少一个。

步骤3：孩子们围着椅子转圈，音乐停止时，孩子要抢最近的椅子坐好，没抢到椅子的孩子则被淘汰出局，在一旁充当裁判角色；每当有孩子淘汰出局，椅子就撤下一个，以此类推，每一轮最后胜出的孩子可以得到一个小奖品。

温馨小提示

　　在进行游戏时，家长要注意告诉孩子安全第一，不要与其他小朋友发生争执与推搡，也不要破坏椅子。小男孩的家长可以适当告诉孩子：当场上只有你和一个小女孩时，作为男子汉，你可以让一让她。失败的孩子，家长可以引导他：没关系，这样你就可以帮好朋友加油了！

☆欢乐时光

"童童，今天天气不错，要不要跟小朋友们出去玩？"妈妈一边晾衣服一边说道。

"哎呀，妈妈，今天这么热，我不想出去。"童童没精打采地说道。

妈妈看童童一脸懒散，皱着眉头想了想，说道："对了，童童，你们在幼儿园玩过抢椅子游戏吗？"童童点了点头。妈妈笑意盈盈地说道："那你就去邀请小朋友，一起来家里玩抢椅子游戏吧？"

"好！我先去叫萱萱。"童童开心地出了门。

不一会儿，小朋友们就来到了童童家。妈妈早已准备了椅子，还准备了点心、果汁和小奖品。小朋友们坐了一会儿，游戏就正式开始了。

第一轮，童童显然不在状态，他第二个就被淘汰了。看着童童垂头丧气的样子，妈妈说道："童童，玩游戏当然要力争上游，但输了也没关系，我们可以帮萱萱加油，对吗？"

童童想了想，立马又露出开心的笑容。他乖乖地坐在旁边，一边吃饼干，一边喊着："萱萱，加油呀！"在童童的鼓励下，萱萱一路闯关，最终获得了第二名。

第二轮，童童打起了十二分精神。

"坐！"随着妈妈的一声令下，童童飞快地抢到椅子坐了下来。凭着敏捷的身手，童童攻破了重重关卡，最终进入决赛——两个人抢一把椅子。

"坐！"只听妈妈的话刚说出口，刚好走到椅子前的童童就以迅雷不及掩耳之势坐下了。

"噢！我赢啦！耶！"童童获得了最后的胜利，其他小朋友也鼓起了掌。妈妈看着开心的童童，给他送上了一个漂亮的小汽车作为奖励。

童童接过小汽车，露出了开心的笑容。

☆游戏目的

1. 锻炼孩子的反应能力与身体灵敏性；
2. 充分锻炼身体平衡，尤其是跨越、跳跃等动作；
3. 培养孩子的竞争意识，让孩子勇于挑战。

☆成长记录

您的孩子完成游戏的情况如何呢？

请在下面方框内打"√"或"×"，并填写游戏心得。

您的孩子在抢椅子时，能有意识地注意彼此的安全问题吗？ □

如果孩子被淘汰，能否很快调整状态，不会怨天尤人和哭闹？ □

对抢椅子游戏，孩子的胜负欲和竞争意识强烈吗？ □

家长游戏心得：

4.一只青蛙跳下水，呱呱真美妙

适龄儿童：5～6岁宝宝

现在有很多家长抱怨自己孩子的脾气不好，其实孩子脾气不好，跟家长是有密切关系的。比如脾气大的家长，孩子往往比较沉默；溺爱孩子的家长，孩子往往比较暴躁。所以，在教育孩子时，家长一定要学对方法。

当孩子出现情绪问题时，家长难免也会带有情绪。如果此时家长带着情绪教育孩子，就很容易伤害到孩子的自尊，让孩子产生自卑与挫败感。这样的后果就是孩子在遇到问题时，不会把问题讲给父母听，只会跟父母发脾气，或者跟自己发脾气，这就是造成"代沟"的主要原因。

当孩子做错事或出现问题时，家长朋友要做的不是责骂、惩罚，而是先帮助孩子分析整件事情，要告诉孩子哪里做得不够好，以后应该怎么避免。不让孩子在同样的地方跌倒两次，这才是正确的教育方法。

在帮助孩子管理情绪的游戏中，"一只青蛙跳下水"是个很不错的选择。这个游戏很简单，它不需要任何道具，只需要足够的人数就能进行。而且这个游戏是群体游戏，适合需要梳理情绪的孩子，也很适合已经接触数字的孩子进行巩固练习。

当孩子出现错误时，他不会觉得难受尴尬，反而会跟其他孩子一起开怀大笑。此时，父母可以对孩子予以鼓励，告诉孩子"宝宝，你输了游戏却没有哭鼻子，反而跟大家一起露出笑容，你真棒！爸爸妈妈为你骄傲。"这样就会让孩子拥有更宽广的胸襟，也能扩大孩子的格局，让孩子正确面对日后的情绪问题。

●游戏准备

参赛者数人

●游戏步骤

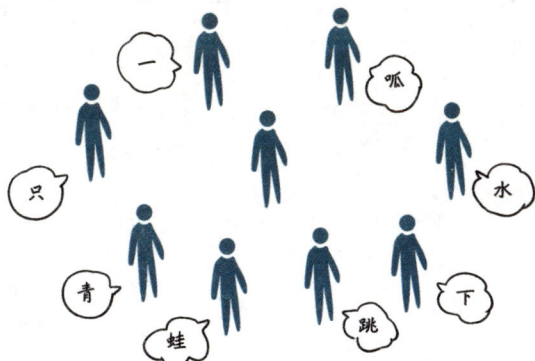

步骤1：所有参赛者围成一个圈，彼此距离可以稍微大一些，一名主持人（成年人）站在圈圈中间；所有参赛者，每人依次说出"一""只""青""蛙""跳""下""水"和"呱"。具体操作如下——"一""只""青""蛙""跳""下""水"，"呱"；"两""只""青""蛙""跳""下""水"，"呱""呱"；"三""只""青""蛙""跳""下""水"，"呱""呱""呱"；"四""只"……"呱"的数量随跳下水的青蛙数量依次递增。

步骤2：主持人要负责数"呱"的数量是否正确，也要判断每个人是否说对了；当出现错误时，则接受惩罚（贴纸条、唱歌、5个蹲起等）并淘汰，最后胜出者可获得小奖品。

温馨小提示

在孩子输掉比赛后，家长一定要注意引导孩子。如果孩子表现出失落，家长要告诉孩子重在参与，不要把胜负看得太重；如果孩子表现得很大度，家长要及时予以表扬。

☆欢乐时光

周六阳光明媚，公园里有不少孩子在进行游戏。苏苏跟妈妈也在人群中，看着这么多孩子，苏苏妈妈笑了笑，说道："苏苏，我们叫小朋友们一起玩'青蛙跳水'怎么样？"

青蛙跳水是苏苏最拿手的游戏，因为她已经认识很多数字了。于是，苏苏开心地同意了。

很快，小朋友们就围成了一个圈，从第一个小朋友开始"一""只""青""蛙""跳""下""水"，"呱"；"两""只""青""蛙""跳""下""水"，"呱""呱"；"三""四"……

"哎！错了错了，'三'后面是'只'，怎么能说'四'呢？"苏苏哈哈大笑，其他小朋友也笑得前仰后合。

游戏继续，"一""只""青""蛙""跳"……"五""只""青""蛙""跳""下"；"水"；"六"……

"哎呀，错了错了，苏苏姐姐错了！"一个小朋友笑着说道。

"是呀，'水'后面应该是'呱'呀！"另一个小朋友也哈哈大笑。

这下苏苏脸上有点挂不住了，小脸通红通红的，这可是自己最拿手的游戏呀。妈妈看着苏苏的变化，赶紧说道："苏苏，你看，虽然你说错了，但是大家却很开心，不是吗？"

苏苏点了点头没说话，她决定要拿下最后的冠军。

最后一轮开始了，苏苏打起十二分精神，聚精会神地参与到游戏中。终于，场上只剩下了"两只小青蛙"。苏苏跟另一名小朋友棋逢对手，一直说了三四个回合。最终，因为苏苏稳扎稳打，对方一下子口误了。

苏苏获得了胜利！

"耶！"苏苏开心地跳了起来。随后，她又跑到对手面前，由衷地说道："我在这个游戏上很厉害的，你能跟我打成平手，说明你也很棒！"

妈妈看着苏苏的样子，露出了欣慰的笑容。

☆游戏目的

1. 帮助孩子巩固对数字和文字的概念；

2. 锻炼孩子的思维敏捷性；

3. 引导孩子的情绪，让孩子学会正确面对胜负。

☆成长记录

您的孩子完成游戏的情况如何呢？

请在下面方框内打"√"或"×"，并填写游戏心得。

您的孩子能正确理解规则，且对数字有准确认知吗？ ☐

在出现失误后，孩子会一笑了之，并不在意吗？ ☐

家长游戏心得：

11

多说"我们"少说"我",让孩子学会社交
——锻炼社交力

1.丢手帕，谁是最受欢迎的小朋友

适龄儿童：3～5岁宝宝

丢手帕，又被称作丢手绢，是我国传统的儿童游戏。相信家长朋友们在孩童时期，也经常玩丢手帕的小游戏。由于丢手帕游戏的特殊性，大部分孩子都会将手帕丢到自己喜欢的人身后。

有些孩子在丢手帕游戏中，几乎成为人群中的小透明。当然，这并不是说小透明就不好，因为孩子的个性是各不相同的。有些孩子喜欢当孩子王，喜欢在众人面前表达自己；有些孩子喜欢安静，天生文静恬淡；有些孩子希望成为焦点，但却不知道如何表达自己，也不敢主动表现自己。而且，这类孩子其实是生活中大多数孩子的写照。这时候，家长就要引导孩子分析为什么小朋友会把手帕丢给其他人而不丢给自己。

家长朋友们可以先问问孩子，谁"收到"的手帕最多。当孩子说出一个名字时，家长要引导孩子说出他有什么优点。除了漂亮、帅气外，如果孩子说出"他很会搞笑""他喜欢帮别人忙"之类的优点，家长就可以引导孩子："大家都喜欢会搞笑的人，这样能活跃气氛，如果你也很会搞笑，大家也会喜欢你""在你遇到困难时，你也很希望别人来帮你吧？如果你经常帮助别人，别人就会喜欢你"。

每位家长朋友都希望孩子能有个良好的社交圈子，希望孩子能在与人互动交流时给大家留下良好的印象。如果孩子在社交方面出现问题，家长不妨从以下三个方面进行引导：

首先，教会孩子做人要真诚，但不必耿直。这里的真诚，是家长要告诉孩子不能撒谎；而不必耿直，则是告诉孩子在提意见或提出问题时，要学会委婉，学会换位思考。比如孩子上课吃东西，老师询问孩子"你是不是上课吃了东西？"孩子要学会承认并道歉："是的，我吃了，对不起老师，我会改正。"

其次，孩子要有个性。每个人都是独一无二的，孩子更是如此。如果孩子觉得别的小朋友因为幽默而受欢迎，自己也去强装幽默，也许会起到相反的效果。家长朋友们要学会引导孩子，当孩子并不具备幽默细胞时，可以通过其他拿手的方式展现自己。

最后，孩子要保持一贯性。这就要求孩子不要心血来潮，今天决定装幽默，明天决定装冷酷，这样反复无常只会让孩子跟其他小朋友的关系变得疏远。

丢手帕游戏是个很好的自省与他省游戏，下面就让我们一起进入有趣的丢手帕小游戏吧！

●游戏准备

手帕（没有手帕时，可用毛巾、成包的纸巾等轻柔无弹力的东西代替）

●游戏步骤

步骤1：大家推选出第一个丢手帕的人，其余的人则手拉手围成一个大圆圈，彼此距离拉得大一些，然后就地坐下。

步骤2：被推选为丢手帕的人，需要沿着圆圈外面跳走或行走，其他人则拍手唱歌"丢，丢，丢手绢，轻轻地放在小朋友的后面，大家不要告诉他……"随着歌声，丢手帕的人要轻轻地把手绢丢在其中一人的身后。

步骤3：其他人要在发现丢手帕的人跑起来后查看自己身后有无手绢，如果有，则迅速起身追逐丢手绢的人；丢手绢的人要沿着圆圈跑，并且在空位置坐下。如果被抓住，就要在圆圈中间表演一个节目。

温馨小提示

在表演节目时，唱歌、跳舞、学动物叫、讲故事笑话等都可以，但孩子要注意不能耽误太长时间，否则其他小朋友会出现不耐烦的情绪。

如果孩子把手帕丢在自己喜欢的朋友身后，但朋友却没有丢给他，家长要及时梳理孩子的情绪，要让孩子懂得不是所有付出都会有回报，也要让孩子学会共情心和及时反省。

☆欢乐时光

依依很喜欢丢手帕这个游戏，但不知道为什么，大家都喜欢把手帕丢给小月，就连自己的好朋友磊磊，也会把手帕丢给小月，而不是丢给自己。

今天下午，依依又要跟小朋友们玩丢手帕游戏了，她有些不开心地问妈妈："妈妈，为什么磊磊不把手帕丢给我？"

妈妈听到依依这么问，想了想说道："依依不喜欢当观众吗？"

"不是，当观众也挺有意思的。"依依说道，"但是我也想当受欢迎的小朋友。"

"为什么大家都喜欢把手绢丢给小月，你知道吗？"妈妈问道。

"知道，小月有趣，而且很会表演节目。"依依歪着头说道。

妈妈想了想，有主意了："依依喜欢表演节目吗？如果依依喜欢表演节目，我们就多练习看看什么节目有趣，能让小朋友们喜欢。依依如果不想表演节目，那大家不把手帕丢给你，也是大家照顾你，因为大家知道，我们依依不喜欢站在舞台中间，你说对吗？"

依依想了想，突然笑了："对，妈妈，你说得对。"

下午，小朋友们围成一圈坐下，一边拍手，一边唱道："丢，丢，丢手绢，轻轻地放在小朋友的后面，大家不要告诉他……"

依依是第一个拿着手帕的，她转了一圈，突然看到乐乐正在走神，于是，她悄悄地来到乐乐身后，其他小朋友看到依依这个样子，纷纷捂着嘴偷笑起来。

这时，乐乐也发现了依依，但已经晚了，依依已经把手帕丢在乐乐身后了！乐乐捡起手帕便追，但已经来不及了，依依已经跑到了自己的位置上。

轮到乐乐了，他决定向"依依"报仇，于是，他轻手轻脚地走到依依身后。依依没想到乐乐这么快就把手帕丢给了自己！等她起身去追时，乐乐也兴高采烈地坐下了。

"依依表演节目！"小朋友们纷纷说道。

依依落落大方地走到大家中间："那，我给大家变个魔术吧。"

说完，依依给大家表演了一个手指魔术，小朋友们都看呆了。

"哇，真厉害啊依依！"

"噢噢！再来一个！"

看着依依受欢迎的样子，妈妈在一旁开心地不得了。

☆游戏目的

1. 帮助孩子建立更好的自我认知；
2. 锻炼孩子的共情力，培养孩子的社交力。

☆成长记录

您的孩子完成游戏的情况如何呢？

请在下面方框内打"√"或"×"，并填写游戏心得。

您的孩子能收到较多次的"手帕"吗？ ☐

孩子能客观地说出其他小朋友的优点以及自己的缺点吗？ ☐

知道自己的缺点后，孩子会有意识地改正吗？ ☐

家长游戏心得：

2.击鼓传花，让孩子更好地承担责任

适龄儿童：3～5岁宝宝

父母经常会听到孩子回来抱怨其他小朋友，在这种情况下，家长不要急着否定对方，而是要心平气和地问问孩子，为什么大家都不爱跟他玩。如果孩子说出的问题自己也有，那家长就要趁机告诉孩子，"你看，当时你玩这个游戏的时候，也因为害怕而抛过花，但是后来你就注意到自己的不对了，是吗？所以我们以后不要做这样的事情，不然小朋友就会不喜欢我们。"

俗话说，"养儿一百岁，常忧九十九"，为人父母总是要为孩子操心。但是，父母也都清楚，自己不可能永远给孩子提供庇护，毕竟孩子总要自己面对一些问题，要自己承担一些责任。因此，教会孩子正确承担责任，也是父母的任务之一。

有些孩子，尤其是一些独生子女，他们是家庭的中心，所以也容易养成以自我为中心的习惯。比如有些孩子会控制不住自己的行为，玩玩具要抢别人的，别人玩游戏不带他，他还会冲过去捣乱。这样的孩子就是典型的缺乏责任感，父母需要引导孩子，多站在别人的角度思考问题，也要反思自己的教育是否出现偏颇，是否是家庭环境给了孩子"自己是世界中心"的错觉。

还有一部分孩子，他们也许是表面的乖孩子，但一出现问题就会下意识地将责任甩出去。比如忘带课本，他们会下意识地说"是奶奶没给我装"，自己的东西没拿好，他们会条件反射地找其他客观原因。这种不能认清自己问题的孩子，长大后也会将过错推给他人，从而影响自己的社交与进步。

为了培养孩子的责任感，我们准备了击鼓传花小游戏。击鼓传花，就是让家长引导孩子什么是自己的责任和担当，并且教会孩子承担责任、维护社交。

● 游戏准备

鼓或音乐

花束或花团

● 游戏步骤

步骤1：所有参加者，先排成一横排或围成一个圆圈，然后选出一名击鼓者或控制音乐者。

步骤2：当击鼓者开始击鼓或开始播放音乐时，花就开始在参加者手中依次传递，当鼓或音乐停止时，花在谁的手里，谁就要表演一个节目。

温馨小提示

　　如果出现孩子扭捏或拒绝表演的情况，家长可以提前设置一个"幸运箱"，里面有"背一首诗""唱歌""讲故事""逃脱惩罚""学猫叫"等纸条。如果孩子主动提出表演内容，则按孩子提出的内容来，如果孩子不知道表演什么，就让孩子抽到什么则表演什么。

　　家长要告诉孩子，表演不是惩罚，反而是比其他孩子多了一次锻炼的机会。家长甚至可以给孩子制作一张勇气表，每当孩子当众表演节目或演讲就加1分，加到100分时，孩子就会出现质的变化，也可以获得一个奖励。

☆欢乐时光

"妈妈，妈妈，今天下午小杰、小娜、小葵、天天和浩浩他们要来找我玩，你说，我们玩儿点什么好呢？"落落拉着妈妈的手问道。

"嗯，不如你们一起玩击鼓传花吧，就是在幼儿园的时候老玩的那个游戏。"妈妈笑着对落落提议道。落落一听非常高兴，她最喜欢击鼓传花这样刺激的游戏了。

下午，孩子们来到落落家里，妈妈拿出早就准备好的大花球，笑眯眯地说道："我来给大家当指挥官，敲桌子的时候，大家要把花球传给下一个人，敲桌声停止后，花球在谁手里，谁就要给大家表演个节目哦！"

"好！"孩子们异口同声地答应道。

"咚！咚！咚！"随着敲桌子的声音，大家兴奋地开始传着花球。很快，花球传到小葵手里，小葵不想表演节目，吓得直接把花球丢在落落脸上。"哎呦！"落落吃了一击，不满地喊道。小朋友们纷纷指责小葵，小葵也不好意思地道了歉，花球继续传递。"停！"花球在小杰手里，小杰拿着花球，大方地走到前面，给大家唱了一首《海鸥》。

游戏继续。

"咚！咚！咚！"大家又开始紧张地开始传花球。"哎呀，小葵！"落落捂着头说道，"你怎么老这样，我要换位置！"原来，小葵又把花球往外一扔，而不是递给落落。"可别跟我换！"小娜一翻白眼，"我可不想挨着小葵，上次她把球扔出去，我走了好远才捡回来，回来正好时间到了。"

"我也不想挨着小葵。"其他小朋友也纷纷说道。

看着小葵尴尬的表情，落落无奈地说道："好吧，那就我挨着你吧，你可不许再这样了。"小葵赶紧表示："我肯定不扔了。"

就这样，游戏又开始继续下去。到了傍晚，小朋友们都回家了，落落虽然玩得开心，但还是有些不满地说道："妈妈，今天击鼓传花，小葵没有把花递给我，就直接扔我脸上了！而且，我们都不爱跟她一起玩儿！那她不想演节目，我们也不想呀！"

"所以呀，"妈妈趁机说，"落落可不能像小葵一样，不然别的小朋友也会不开心的，对吗？"

"对！"落落认真地说道。

☆游戏目的

1. 帮助孩子更好地理解责任，让孩子学会承担责任；
2. 帮助孩子建立良好的社交圈；
3. 锻炼孩子的表达力，培养孩子的自信与勇气。

☆成长记录

您的孩子完成游戏的情况如何呢？

请在下面方框内打"√"或"×"，并填写游戏心得。

您的孩子能在游戏中不抛花束，而是正确递到别人手中吗？ ☐

孩子在接受惩罚时，能做到落落大方、不推三阻四甚至哭闹吗？ ☐

家长游戏心得：

3.形容词游戏，你的优点我知道

适龄儿童：4～5岁宝宝

说起情商，大家都知道它的重要性。很多家长都会说，"××家的孩子懂事，不像我们家这个，这么不听话。"其实，孩子哪有百分百乖顺的呢！只是家长在情商方面培养的程度不同而已。

大人喜欢听赞美，孩子也是如此。家长朋友一定要分清"赞美"和"拍马屁"的区别，赞美是发自内心的，而拍马屁却是带有目的性地讨好。一些家长自觉正直，不愿让孩子学会"拍马屁"，但他们却无法正确区分赞美和拍马屁的区别，导致孩子在社交中的人缘不会太好。

美国著名心理学家丹尼尔·戈尔曼曾说，"情商是决定人生成功与否的关键。"确实，人们都喜欢跟情商高的人相处，情商高的小朋友也更能获得他人的青睐与同龄人的拥护。

科学实验表明，小时候能赞美别人的孩子，长大后的情商都很高，在社交中的表现也更加优秀。因此，家长需要在启蒙教育阶段正确地夸赞孩子，也要教会孩子赞美其他人。

赞美是一种美德，家长要肯定孩子的优点，同时引导孩子正确接受他人的表扬，同时教会孩子如何真心赞美他人。

要想赞美他人，孩子就必须学会发现别人的闪光点。在别人做得好时，孩子要真诚地告诉对方"你做得真不错！"在别的小朋友因为失利而难过时，孩子也要真诚地说，"别灰心，你在××方面做得就很好，只要努力就会有收获。"

当然，要教会孩子赞美，就要求家长在日常交流沟通时，也要多用正能量的词汇评价别人。比如不在孩子面前发牢骚，不在孩子面前说自己同事朋友的坏话，多说一些夸赞朋友的好话，这样才能正确引导孩子的行为。

下面，我们就给各位家长朋友介绍一款很好的形容词游戏，孩子通过这个游戏能更好地建立信心，更能学会正确地赞美他人，提升自己的社交力与情商！

● 游戏准备

写着各种形容词的可粘标签（可用便利贴）

● 游戏步骤

步骤1：孩子们围成一个圆圈，每个孩子要给左边的小伙伴贴上合适的标签。

步骤2：由家长引导孩子，认识各种形容词，如幽默有趣、乐于助人、活泼开朗、文静乖巧、彬彬有礼等。

步骤3：贴好标签后，由小朋友站起来，依次为大家介绍身边的小朋友。

温馨小提示

如果出现场面失控的情况，比如有小朋友觉得身边人"完全没有优点，全是缺点"时，家长要让小朋友们换一种说法，如"如果你改掉抢东西的习惯，就会变得更好""如果你改掉爱哭的习惯，就会变得更好"等。

如果小朋友觉得自己是"幽默搞笑"的，但身边人并不觉得，家长就要引导孩子，看看孩子开的玩笑是不是有伤人的成分，然后帮助孩子认识错误、改正错误、完善社交行为。

☆欢乐时光

米米是幼儿园大班的孩子，性格比较内向，遇到陌生人也有些胆怯。为了帮助米米克服怕生的问题，爸爸妈妈也想了很多办法。

这一天，妈妈买了很多漂亮的便利贴回家，她笑着对米米说道："宝贝儿，你觉得温柔可以用什么颜色表示？"米米不知道妈妈是什么意思，但还是说道："嗯……黄色。"

"有趣呢？"

"绿色。"

"乐于助人呢？"

"红色。"

"聪明呢？"

"蓝色。"

"勇敢呢？"

"妈妈，我不知道……"米米想了想，自己还真不知道勇敢是什么颜色。

妈妈笑了笑："米米，妈妈这里有很多颜色的便利贴，每当米米主动跟叔叔阿姨、爷爷奶奶打招呼，妈妈就会给米米一张粉色的便利贴，等粉色便利贴贴满海报，米米就可以跟妈妈换一个米米喜欢的玩具，怎么样？"

"真的吗？"米米眼睛一亮，"芭比娃娃厨房款也可以吗？"

"是呀米米，什么都可以，米米能做到吗？"妈妈问道。

"能！"米米痛快地答应了。

晚上，米米陪妈妈去超市买牛奶，正好看到妈妈的同事赵阿姨。还没等妈妈说话，米米就在妈妈身后怯生生地说了一句："阿姨好。"

妈妈有些哭笑不得，没想到芭比娃娃竟然有这么大魅力。打完招呼，米米有些调皮地看着妈妈，意思是"不要忘了我的便利贴"。

就这样过了一个月，米米的海报上花花绿绿地贴满了便利贴。而米米也从最初那个胆小害羞的小女孩变成了落落大方的大姑娘，小朋友们也越来越喜欢跟米米在一起玩了。

☆游戏目的

1. 让孩子准确认识各种形容词，并分清褒义词和贬义词；
2. 让孩子发现其他小朋友的闪光点以及需要自己学习的地方；
3. 培养孩子的表达力与社交力。

☆成长记录

您的孩子完成游戏的情况如何呢？

请在下面方框内打"√"或"×"，并填写游戏心得。

孩子能正确认识褒义词贬义词以及各种形容词吗？ ☐

其他小朋友没有给孩子贴上心仪标签时，孩子会控制情绪吗？ ☐

孩子能准确发现对方的优点并有条理地表达出来吗？ ☐

家长游戏心得：

4.两人三足，步调一致走到终点

适龄儿童：5～6岁宝宝

家长朋友们都能敏锐地发觉，当今社会的竞争已经越来越激烈了。在竞争的社会中，提升自身能力固然重要，但学会与人合作也是必不可少地发展手段。

当前的校园教育，绝大部分侧重点都是孩子的智力培养，这就很容易让孩子形成"单打独斗"的情况。可是，靠单打独斗是很难有大发展的，让孩子学会合作双赢，这才是家长更应该关注的话题。

在合作过程中，孩子对合作对象的信任和欣赏是促成二人合作的前提。为此，家长要让孩子学会总结自己与他人的长短之处，也要让孩子学会尊重对方、向对方学习，培养孩子的合作意识，让孩子体会到合作带来的快乐。

为了达到这个目的，家长朋友就要让孩子多参与一些集体活动，因为集体活动是需要考验合作力的，让孩子多参加一些集体游戏，这样既考验默契，又锻炼孩子的合作精神，一举两得。

虽然国家开放了"二胎政策"，但现在仍然是独生子女居多。在家里，孩子已经习惯了一个人独处，跟其他小伙伴也没什么交流和沟通，这就让孩子失去了一些合作的机会，也容易养成以自我为中心、唯我独尊的性格。

为了让孩子学会考虑别人的感受，也为了让孩子有大局观，学会在适当的时候做出合理的让步，家长需要让孩子学会在一定范围内做出取舍、配合对方，这样才有可能获得胜利。

"两人三足"是一款非常不错的游戏，它能考验孩子的配合能力，也能让孩子明白只有相互协商、相互合作，才有可能胜过对手，先一步到达终点。如果只是自己顾自己，或相互推诿责任，结果就只能是原地不动甚至摔跤。

为了让孩子的合作力更上一层楼，我们就来一同进行"两人三足"的游戏吧！

●游戏准备

绳子

标志

● 游戏步骤

步骤1：每两个人分为一组，同组人的两只相邻的腿需要绑在一起；绑在腿上的绳子位置不要高过膝盖部分，也不要低于脚裸部位。裁判在游戏开始前，告诉孩子如果比赛过程中绳子脱落，需要双方就地绑好绳子再出发。

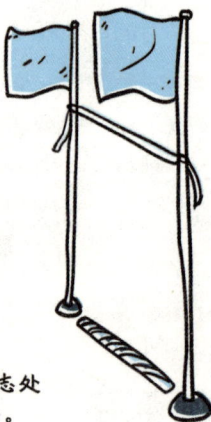

步骤2：比赛开始后，队员们到达对面的标志处返回，返回到起点后，以完成时间长短排名。

温馨小提示

"两人三足"的游戏最好在平整的草坪上进行，且空间要大，至少要留出50米（可含）来回的距离，同时要在终点放置软垫（可使用跳高垫子），这样可以让孩子在冲刺后倒在垫子上做缓冲保护。

在进行"两人三足"时，如果是亲子间的活动，家长不能把孩子抱起来，而是要弓着身子配合孩子的步伐，同时让孩子听自己的口号，这样才能更快到达终点。

起跑时，裁判要说明提前跑是违规行为，中途绳子松散选择不绑绳子是违规行为，家长抱着孩子跑是违规行为，如果违规两次则取消资格；若比赛过程中发生口角甚至肢体碰撞，则直接取消成绩。家长要学会引导孩子的规则意识，同时抚慰孩子的情绪。

☆欢乐时光

　　自从参加完幼儿园的运动会，颖颖就迷上了两人三足游戏。想着能培养孩子的合作力，也能锻炼孩子的身体协调性，颖颖的爸爸妈妈也非常高兴她对这个游戏产生兴趣。

　　这不，颖颖又缠着爸爸妈妈陪她练习两人三足了！

　　"颖颖，你要注意配合爸爸，我说一，迈左腿，我说二，迈右腿。你现在可以分清左右了吗？"爸爸在一旁提示颖颖。谁料，颖颖却有些不满："哎呀爸爸，我都多大了，当然能分清啦。"

　　妈妈在一旁故意激将道："这回可别摔跤了，我看看你们爷儿俩有没有默契。"

　　颖颖一本正经地嘱咐爸爸："爸爸，你可不要拖我后腿了，也不能像上次一样抱着我走，老师说过，那样是犯规的，知道吗？"

　　看着颖颖小大人的样子，爸爸赶紧点头："哎呀闺女，放心吧，这回爸爸知道了，上次不是没认真听老师讲规则嘛。"

　　妈妈在一旁赶紧说："爸爸一定要遵守规则，不能给颖颖丢脸啊！"

　　爸爸显然不想再继续这个话题了，于是便对颖颖说道："宝贝儿，你知道青蛙跳吗？我们绑好腿后，像青蛙那样跳着走吧？"

　　"哎，这个办法好！"颖颖十分高兴，"爸爸还是很聪明的嘛。"

　　爸爸有点哭笑不得，他把腿绑好后，猫着腰，嘴里喊着口号："颖颖，我说一，你就迈左腿，我说二，你就迈右腿啊。来，一，二，一，二，一，二……"

　　这次的配合很默契，颖颖配合着爸爸的步伐，爸爸配合着颖颖的身高，颖颖跟爸爸很快地跳到终点。

　　"真不错呀！"妈妈在一旁赞许道，"下次的比赛，我看就是你俩拿冠军啦！"

☆游戏目的

1. 让孩子认识到个体的差异与相同点，学会发现对方的长处和自己的短处；
2. 让孩子体验配合的感受，以及通过合作获得成功的喜悦；
3. 让孩子学会初步的合理分工，制定计划并执行；
4. 让孩子明白游戏的目的不是竞争，而是竞争下的双赢。

☆成长记录

您的孩子完成游戏的情况如何呢？

请在下面方框内打"√"或"×"，并填写游戏心得。

您的孩子能学会跟其他小朋友合作，并发现对方优点吗？ ☐

您的孩子能较好地遵守规则吗？ ☐

您的孩子在有意无意破坏规则而被惩罚时，能认识到错误吗？ ☐

在犯错被批评时，孩子能较好地控制自己的情绪吗？ ☐

家长游戏心得：

_____

_____

_____

_____

12

群力游戏，让孩子找到自己的角色定位
——培养合作力

1.捉迷藏，同心协力找到他

适龄儿童：2～4岁宝宝

捉迷藏可以说是孩子们最喜欢的游戏之一，而且不少家长都觉得，自己家孩子一玩起捉迷藏来，就像个小马驹一样不知疲倦，有时候，孩子玩儿了一下午，直到吃晚饭时都不愿停下。

有些家长朋友会觉得很奇怪，"我家能藏的地方就那么几个，尤其是窗帘后面，都躲了几万次了，但每次孩子还是乐此不疲。"

其实，孩子喜欢捉迷藏是有原因的。从科学层面看，孩子在6个月前很喜欢玩"捂眼睛"的游戏，这就是另一种形式的躲猫猫。比如父母用枕头挡住孩子视线，然后拿开枕头做出各种表情，孩子就会随着枕头的拿开而"咯咯"大笑。

在6个月后，孩子会逐渐意识到自己已经从母体脱离，这时候他们会产生分离焦虑，会疯狂地依赖母亲，如果母亲离开视线，他们就会因为不安而大哭。

研究表明，3岁前的孩子如果经常玩捉迷藏，就能比同龄人更好地消除分离焦虑，也能更好地适应幼儿园和学校的生活。

跟孩子玩儿捉迷藏游戏，能让孩子知道分离与重聚都是可控的，这能有效帮助孩子缓解焦虑。此外，捉迷藏游戏还能锻炼孩子的空间思维，他们会不断探索、不断发现、不断创新，这也能促进孩子的大脑发育。

根据皮亚杰的认知理论，2～6岁的孩子都是以自我为中心的。也就是说，他们会下意识地站在自己的角度思考问题。具体表现在捉迷藏上，就是大部分孩子在藏起来时，都会只藏头部而不管身子和脚。因为他们觉得，只要自己闭上了眼睛天就黑了，自己看不到别人，别人也就看不到自己了。

捉迷藏游戏能很好地"去中心化"，也就是说，孩子会逐渐开始从别人的角度思考问题，他们会想：我应该怎么藏才不会被别人找到。这能促进孩子认知能力的提升，也能鼓励孩子从多方面思考问题。如果是小朋友们一起玩捉迷藏游戏，还能有效促进小朋友间的交流与合作，提高孩子的社交能力。

●游戏准备

便利贴若干

奖品若干

●游戏步骤

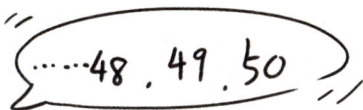

……48、49、50

步骤1：推选出一名寻找者，寻找者用手挡住眼睛，大声数50个数（视场地大小而定）。

步骤2：在寻找者数数期间，其他人要找到藏身的地方，当数完50个数时，寻找者按下定时五分钟的闹钟，开始寻找。

步骤3：每当找出一人，寻找者就用便利贴贴在对方身上，表示已经发现；如果规定时间内，寻找者将人全部找齐，则寻找者获得奖品，若未找齐，则未被找到的小朋友获得奖品。

温馨小提示

家长要强调，不要藏到危险的地方，比如高台、密闭的箱子里等。

☆欢乐时光

"妈妈，我们来玩儿捉迷藏游戏吧？好不好？我还想玩。"

"好呀，森森，你去叫小伙伴们一起来玩吧。"

"噢！太棒了，"森森欢呼起来，"那我要找玲玲、瑶瑶跟小南一起玩。"

很快，森森就找来了三个小伙伴。

第一轮小南先找。游戏开始后，森森便迫不及待地躲进了衣柜里。这个衣柜是森森每次玩捉迷藏都会选择的地方，但是森森最近长高了不少，这个柜子躲起来也比较费劲了。看来，下次要换个藏身之处了，森森想道。

瑶瑶思索了一下，赶忙躲到了窗帘后面，但是在阳光的照耀下，瑶瑶的影子就非常明显了。果然，小南刚开始找，就把玲玲找到了。听着小南的笑声，森森和玲玲藏得更隐蔽了。

找一圈后，小南在卧室门口找到了玲玲，紧接着，她又来到了森森藏身的柜子前。由于柜子较高，小南蹦了几下都蹦不上去。眼看着时间要到了，小南无奈地放弃了柜子。

"嘟——"时间到了，森森高兴地从柜子里钻出来，然后跳了下去。小南懊恼地规定，下次不许藏在高处，这样会很危险，而且不好找。森森欣然同意了。

第二轮由森森开始找，他很快发现了厕所有声音，原来是小南不小心把牙膏碰掉了，这才让森森"捡"了个大便宜。小南很快被找到后，眼珠子一转，对森森放出了假情报"我刚才看到瑶瑶藏在厨房里了。"

森森眉开眼笑地往厨房寻去，却没有发现瑶瑶的身影。哎！上当了！森森顿时叫苦，他瞪了笑得花枝乱颤的小南一眼，匆匆往卧室和阳台找去。咦？阳台的窗帘下有一双脚！哎呀，原来是瑶瑶忘记把脚藏起来了，下次捉迷藏我可得把全身都藏好！森森一边想，一边掀开了窗帘，"找到啦！"

虽然森森找得很快，但因为小南的假情报，他没能发现玲玲。"耶！"玲玲和小南一起拍手表示庆祝。

森森不服气："看着吧，下次我一定要把你们全都找出来！"

就这样，捉迷藏游戏又开始啦。

☆游戏目的

1. 帮助孩子克服分离焦虑，让孩子更好地适应学校生活；
2. 提升孩子的空间意识和发散思维；
3. 帮助孩子学会站在别人的角度看问题，站在更广阔的视角内看世界；
4. 帮助孩子提升社交力。

☆成长记录

您的孩子完成游戏的情况如何呢？

请在下面方框内打"√"或"×"，并填写游戏心得。

您的孩子能很好地隐藏自己，而不是"顾头不顾尾"吗？ ☐

孩子在数数的时候，能从 1 数到 100 吗？ ☐

找人的时候，孩子不是随机找，而是有策略地寻找吗？ ☐

家长游戏心得：

2.拔河，我们的口号要响亮，我们的小脚要并齐

适龄儿童：4～6岁宝宝

提到拔河，不少家长都会觉得危险，但其实，拔河运动是一项兼具健身、娱乐、合作的优质游戏。而且，孩子可以在拔河的过程中体会团结带来的喜悦，只要努力了，即便最后输掉了比赛，孩子们也会觉得意义非凡。

由于拔河所需限制较少，只要有足够大的场地和一定的人数就可以进行，因此，家长朋友们可以在公园、小区空地等处，带领小朋友参与进来。在拔河的过程中，孩子的心态也会产生一系列变化。比如在赢得比赛时，孩子会因为自己出了一份力而欣慰欢喜；在输掉比赛时，孩子也会因为自己尽力而坦荡无悔，这是一种难能可贵的体验。

而且，孩子还可以通过拔河比赛明白这样一个道理：集体的力量是大于个人的力量，有些时候、有些事情是单凭我们自己无法做好的，这时，我们就要依靠团队的力量，让大家团结起来、凝聚起来，这样才能发挥最大的作用。

在拔河过程中，孩子的努力是可以直接看到回报的。大家心往一处想，力往一处用，加上共同的出谋划策，一种良好的社交氛围就产生了。

对于性格内向的孩子，也很容易在拔河活动中增进同学间的友谊和感情，帮助孩子更好地融入集体和社会。因此，家长朋友们可组织拔河活动，这对孩子的成长来说，一定是一场意义非凡的体验。

此外，拔河比赛也是少数对"小胖墩"很友好的比赛。在其他游戏中，一些体型较胖的孩子会因为行动不太灵敏而遭到组队拒绝。但是在拔河比赛中，大家都更喜欢邀请体型较胖的孩子一同组队，这也能帮助可爱的"小胖墩"们加强与小朋友们的交流。

下面，就让我们一起进入意义非凡的拔河游戏中吧！

●游戏准备

拔河用绳

红绸子

白粉笔

●游戏步骤

步骤1：将红绸子系在拔河用绳的正中间，绳子两边则交给两队成员。

步骤2：在赛道上画3条白线，居中的白线与红绸子平行，两边的白线则为界线。

步骤3：随着裁判的哨声，双方成员用力向自己的方向拉动绳子；红绸子过哪边的白线，则哪边获得胜利。

温馨小提示

两队队员都要服从裁判的指挥，不能站在规定赛道以外的地方。

家长要注意，为了保证孩子的安全，不要让孩子穿钉鞋，更不要赤脚。

比起胜负，比赛更应该着重交流和深层意义，因此，家长要有意识地灌输"友谊第一，比赛第二"的精神，告诉孩子注意安全，重在参与，凡事量力而行。

☆欢乐时光

今天秋高气爽，小区在公园里举办了儿童拔河大赛。一大早，云云的同学小路和西西就来找他了。云云是小区里有名的小胖墩，平时大家在玩游戏时，都因为云云比较笨重而忽略他，但是拔河不同，小胖墩成了大家抢着要的"香饽饽"。

"云云！咱们是同班同学，你跟我们一队吧！"西西上来就开门见山地说道

"是呀，云云！"小路搂着云云的肩膀，"就凭咱们的关系，你可不能跑到别人队啊。"

妈妈笑眯眯地看着两个小朋友"收买""诱惑"着云云，想着这是云云社交的好机会，妈妈也在一旁鼓励道："云云，小路和西西都这么鼓励你了，你就去参加吧！"

得到了妈妈的同意，云云等三人来到公园赛场上，这里已经聚集了不少孩子了。跟云云一样体型的小胖墩也来了三四个，而且都是对方队伍的。

随着裁判的哨声，两边队员都站到了两侧。随着裁判再三确认两队队员都在线内后，拔河比赛开始了！果然，有两三个小胖墩的队伍确实厉害，一上来就把云云他们往前拖了一大步。云云妈妈也在旁边焦急地喊道："云云，拔河的时候，试着把身体往后倾斜45度，然后间歇性用力拉动！"

听着妈妈的鼓励，云云运了口气，大声喊道："大家跟着我的口号来！我说'拉'，大家就一起用力！拉！拉！拉！"

随着云云的口号，队伍很快调整状态，竟然从对方手里又把绳子拉过来了一点。这时，对面的成员也开始学着云云喊口号了。虽然云云是拔河的好手，但这一队整体实力太弱了，最终还是输掉了第一局，随后的第二局，也因为双方实力相差太远而输掉了。

输了拔河比赛，云云垂头丧气地回到妈妈身边。妈妈看着云云的样子很心疼，正想安慰他几句。这时，小路、西西和其他小伙伴都围了上来。

"云云你太棒了！""要不是你，我们早就输了！""没事云云，下次我们再加油，回去我也得多吃点，长长力气！"

听着朋友们的鼓励，云云终于抬起了头，露出了开心的笑脸。

☆游戏目的

1. 培养孩子的团队协作力，加强孩子们的团体凝聚意识；
2. 增强孩子奋力拼搏、积极向上的精神风貌；
3. 增进孩子间的信任感，增强孩子的社交力。

☆成长记录

您的孩子完成游戏的情况如何呢？

请在下面方框内打"√"或"×"，并填写游戏心得。

您的孩子能为了团队拼搏努力，力争第一吗？ ☐

在拔河中，孩子能充当领导者角色，带领大家赢得比赛吗？ ☐

家长游戏心得：

3.沙地运菜，"我们都是小能手"

适龄儿童：4～6岁宝宝

在这个物质条件丰富的时代，家长朋友们都会让孩子享受着前所未有的物质条件。尤其是家庭条件不错的独生子女，更容易因以自我为中心而冲淡责任感和合作力。

造成孩子责任感与合作力缺失的原因，归根结底还是在家长身上。现在，不少家长依然奉行学习至上的想法。他们认为，只要给孩子创造一个良好的学习环境即可，至于孩子的情商、三观、情操等，家长却并不注意培养。关于合作力，家长也不太重视。在家长看来，学习本来就是逆水行舟的事，有些家长甚至为了让孩子独占鳌头，想出各种暗箱操作的办法，这些都是很不利于孩子成长的做法。

为了培养孩子的社会责任感以及合作力，家长朋友们在跟孩子的日常互动中一定要注意自身的言行，尤其是不要对孩子进行破坏性批评。比如有的孩子打碎了杯子，跑去跟家长承认错误，可家长却大吼大叫，用一些"你就是个废物""你毛手毛脚的，什么都做不好"之类的话批评孩子，这样会挫伤孩子的自尊，也会让孩子误以为承担责任就等同于痛苦，从而导致孩子逃避责任。

当家长朋友过分严厉，并对犯错的孩子做出警告时，孩子就会觉得自己负不起责任，而且家长与孩子之间会产生鸿沟，孩子遇到事情不愿意跟家里沟通。

让孩子逃避责任的另一种情况，就是家长的溺爱与"大包大揽"。其实，每个孩子都要独立承担责任，家长没有帮孩子承担全部责任的义务，也没有这个权利。

关于合作力，不少家长认为，"学生的天职是学习"这句话里的学习只是课业理论上的学习，实际不然，孩子要学习的方面有很多，如果孩子无法学会与人合作，就不能收获双赢的喜悦。

在孩子成绩不错时，部分家长认为孩子帮助其他人学习是浪费时间，但其实，未来的社会一定是共赢的社会，孩子在帮助他人的同时，可以一边巩固自己的成绩，一边体会助人为乐的感受，这是一种非常难得的体悟。

为了更好地培养孩子的责任感与合作力，沙地运菜游戏应运而生。下面，我们就来一起进行这个意义十足的小游戏吧！

●游戏准备

竹筐若干

菜状玩具若干

障碍物

●游戏步骤

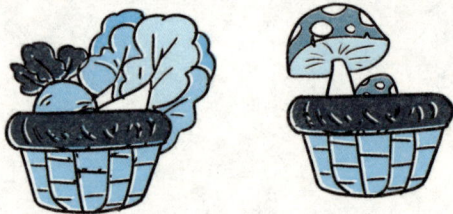

步骤1：由家长告诉孩子们游戏玩法，两人一筐，框内装菜。

步骤2：两个人通过合作方式，或抬、或搬、或背、或提，越过障碍将菜送到终点。

温馨小提示

在正式开始前，家长要引导孩子尝试跳跃障碍，最好亲身示范。

☆欢乐时光

"晴晴，我们今天玩儿个特别的游戏吧！"爸爸看着晴晴笑眯眯地说道，"你看，这是一个小竹筐，框里有菜，你叫几个小朋友来，谁能把菜最快送到终点，爸爸就送谁一份小奖品哦！"

"真的吗？是什么奖品呀？"晴晴开心地问道。

"你赢了就知道啦，快去吧！"爸爸神秘地说道。

不一会儿，晴晴就找来了很多小朋友。大家一听运菜游戏这么新鲜，赢了还有奖品拿，都纷纷摩拳擦掌，准备一展身手。很快，晴晴家门前空地上就有不少小朋友严阵以待了。

按照孩子们的意愿，爸爸将大家分成了四队，每队两个人，晴晴跟自己的好朋友岚岚组成一队。分好队后，爸爸指着远处一些障碍说道："小朋友们，你们每队有一筐菜，两个人可以通过抬着走、搬着走、背着走、提着走等方式，越过障碍将菜送到终点，最快到达的小朋友，可以获得奖品哦！"

"知道啦！"大家立刻迎合道。

很快，比赛就开始了。由于晴晴和岚岚都是女孩子，力气比较小，拿一筐菜显然有些费劲，于是被落在了后面。但两个人合作默契，过小土坡的时候，一个人空手先上去，然后一推一拉地把菜放到土坡上，另一个人再通过。

第一轮比赛是两个小男孩组成的队伍获胜了，晴晴爸爸送了他们一人一个小汽车模型。

第二轮比赛是晴晴和岚岚获胜了，爸爸也笑眯眯地拿出了给她们的奖品。

"哦！是洋娃娃，太好啦！"晴晴抱着洋娃娃爱不释手。

比赛结束，每个孩子手里都有一两个小玩具，大家兴高采烈地回家了。路上，不少小朋友们还在交流这个游戏的技巧和心得。

通过这次游戏，晴晴也认识到了爸爸妈妈平时买菜拎菜的不容易。

☆游戏目的

1. 锻炼孩子的拉、抱、提、钻等基本动作，提升孩子的平衡感与协调性；
2. 激发孩子的责任意识及使命感；
3. 让孩子懂得合作与竞争、分享与交流，培养孩子的社交力。

☆成长记录

您的孩子完成游戏的情况如何呢？

请在下面方框内打"√"或"×"，并填写游戏心得。

您的孩子能很好地与小朋友合作，将菜送到终点吗？ ☐

孩子在翻越障碍时，会主动帮助自己的队友吗？ ☐

在游戏中，孩子会使用提、背、抬等方式让运菜更轻松吗？ ☐

家长游戏心得：

4.鲶鱼游戏，让孩子保持行动力

适龄儿童：5～6岁宝宝

鲶鱼有这样一个特性，就是当它到达陌生的环境后，就会性情火爆、四处乱窜。于是，渔夫在捕捞喜好安静的沙丁鱼后，都会在网里放一条鲶鱼。

这对于沙丁鱼来说，鲶鱼起到了激发的作用。当沙丁鱼们发现安静的同伴中出现了一个"异己分子"就会非常紧张，四处游动，这样才能保持沙丁鱼的活力。对孩子来说，一个非常优秀的例子（即别人家的孩子）能有效地提升孩子的行动力。当然，家长朋友们也要注意，不要动不动就在孩子耳边絮叨别人家的孩子如何优秀，否则只能适得其反。

对孩子来说，他们可以过安逸的生活，也可以过更有挑战性的生活。只不过，安逸的生活大多会播种平庸，而挑战性的生活则能培育孩子们的信念。为子女谋深远的父母，总能授孩子以渔，而不是直接将鱼抓上、煮好，喂进孩子的嘴里。

家长朋友们要明确，孩子的未来不可能永远是一帆风顺的，孩子总会遇到困难与坎坷。如果孩子遇到不如意的事情，就立马败下阵来，那对孩子的未来也是不利的。

孩子们面对的社会是一个处处充满竞争的社会，竞争不是坏事，反而能帮助孩子不断完善自己，让孩子越挫越勇。

下面为家长朋友们介绍的这款鲶鱼游戏，能帮助孩子树立正确的竞争意识，让孩子在竞争中变得坚韧与乐观，学会进步的方法和技巧，学会乐观和忍耐，学会为了目标而努力拼搏。

●游戏准备

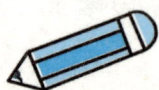

笔

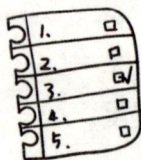 

白纸（或现成的计划表）

●游戏步骤

步骤1：让孩子找出自己的不足之处、成绩、性格、运动方面的都可以；由孩子说出自己身边谁最擅长自己不擅长却渴望改变的方面。

步骤2：家长帮助孩子设置"按钮"，当启动按钮后，孩子就要按照对方的生活方式进行锻炼，以此训练自己的不足之处。

温馨小提示

孩子在设立"蛤鱼"时，家长要在一旁把关，必要时引导孩子选择真正能帮助孩子进步的蛤鱼范本。在启动蛤鱼按钮后，家长要在一旁进行"软监督"，不要过多地干涉孩子。

☆欢乐时光

"妈妈，我也想像甜甜一样，学习又好，念课文又好听。"

咛咛妈妈听咛咛这么夸赞甜甜，心里不由一动。于是，妈妈笑着问咛咛道："咛咛，甜甜是你的偶像呀，那你觉得自己哪里比不上甜甜呢？"

咛咛想了想，说道："甜甜读课文太好听了，老师也很喜欢听她读课文，不像我，我每次读课文都磕磕巴巴的，声音也很难听。"

"还有呢？"妈妈继续问道，"除了学习好、念课文好听，甜甜还有什么优点吗？"

"嗯，甜甜长得漂亮，还经常帮我们。"咛咛说道，"每次老师让带抹布、橡皮、尺子什么的，她都会多准备一份，可以帮助没带东西的同学。"

"是吗？那甜甜真的挺不错！"妈妈夸赞道，"咛咛也想像甜甜一样，对吗？"

咛咛重重地点了点头："是呀！没错！"

妈妈说道："我听甜甜妈妈说，甜甜每天晚上都会读 30 分钟的课文，你觉得你能行吗？"

"能！"咛咛干脆地说道，"为了能念课文好听，我可以！"

"每次老师交代的事情，甜甜都会记在小本子上，你可以吗？"妈妈继续问道。

"当然，没问题！"咛咛保证道。

妈妈一笑："好呀，咛咛，那我们就先来读课文吧。"

咛咛打开书，念道："广阔的大海是鱼，鲸鱼，鲸鱼的家……冰凉，冰冷的，南极，极是企鹅，企鹅的家……"咛咛结结巴巴地读道。大概读了十遍，咛咛终于把课文读顺了。

妈妈立刻表扬道："咛咛真棒，这不是读得很好嘛！"

妈妈拿出手机打开录音模式，对咛咛建议道："来，宝贝儿，你现在读一遍课文，在保证顺畅的基础上，我们一起听听还有哪些地方是需要改进的。"

"嗯！好！"咛咛自信满满地说道。

☆游戏目的

1. 培养孩子的竞争意识，让孩子懂得竞争才能进步；
2. 引导孩子良性竞争，促进孩子的正面发展。

☆成长记录

您的孩子完成游戏的情况如何呢？

请在下面方框内打"√"或"×"，并填写游戏心得。

您的孩子能自己找到适合自己的鲶鱼范本吗？ ☐

您的孩子能受到激励，改善自己的不足之处吗？ ☐

孩子能坚持每天进行鲶鱼游戏，很少打破计划吗？ ☐

家长游戏心得：

13

第十三章 | Chapter 13

轻轻推动，让孩子笑着向前迈进
——增加孩子的信心与勇气

1.猜物品，从盒中锻炼你的勇气

适龄儿童：3～5岁宝宝

随着自媒体时代的发展，一些综艺开始广泛吸引人们的眼球。其中有一款游戏叫盒中探物，就是在看不见盒子内部物品的前提下，将手伸进盒中，摸出盒中到底是什么东西。

对孩子来说，因为他们尚不了解的未知事物较多，所以很容易对一些东西产生恐惧。比如有的孩子被小狗吓到过，即便长大成人，也对犬类甚至是有毛的哺乳动物心存恐惧。为了帮助孩子更好地克服自己的恐惧，家长需要找到孩子缺少勇气的原因。比如，家长是否对孩子的要求太严格，让孩子有些无所适从？是否是家长脾气有些暴躁或冷漠，让孩子变得有些谨慎胆小？是否是家长对孩子干预太多，导致孩子不敢去尝试新事物？

如果以上原因有被说中的，那家长朋友就需要反思一下自己平时的行为。毕竟勇气不仅是孩子的外在表现，也是孩子对自己的肯定程度，这是在孩子成长中不可缺失的重要部分。

当然，勇气并非莽撞。比如孩子看到可爱的小狗，胆小的孩子会吓得大喊大叫，躲在家长身后；莽撞的孩子会不管不顾，直接伸手过去抓；而有勇气的孩子，则会向狗主人询问小狗是否友好，自己可否摸一摸。这其中的关系想必家长朋友都能分得清楚。

为了培养孩子的勇气，家长应该尝试用柔软的方式轻轻"推"孩子一把。盒中猜物游戏就是一种充满趣味和考验勇气的游戏。在进行游戏时，家长可以告诉孩子一些小窍门，比如不要直接伸手进去抓，要小心试探。家长朋友也可以用想象力帮助孩子获得勇气，家长可以问孩子，"你觉得什么颜色可以代表勇气？"当孩子给出答案后，家长可以告诉孩子，"当你害怕时，不妨想象用这种颜色涂满身体，你的身上有了勇气的颜色，就不会害怕这些东西了，你就是一个勇敢的小战士！"

●游戏准备

一个不透明的纸盒子　　　各种不危险的玩具　　　美工刀

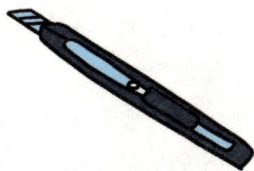

●游戏步骤

步骤1：将纸盒子两端用美工刀抠洞，洞的大小为可容纳孩子手顺利进出的大小即可。

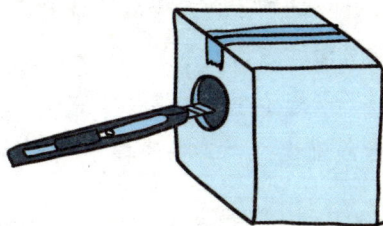

步骤2：家长将任意一个不危险物品放入纸盒中，让孩子通过触摸来猜测；猜出盒内物品，则孩子获得胜利。

温馨小提示

　　家长朋友在选择物品时，可以选择难度较高的物品，比如刷子、鸡毛掸子、电动毛绒玩具等，但不要选择有攻击性的动物（如仓鼠等啮齿类动物），也不要选择尖锐物品。

☆欢乐时光

"哇！妈妈，盒子里的东西是活的啊！"

星期天上午，妈妈为了锻炼儿子齐齐的勇气，特意准备了一个猜物品的盒子。

在妈妈的引导下，齐齐鼓起勇气把手伸进盒子，先后猜出了盒子里的物品。

"牙刷！"

"毛绒球，哦不！是毛绒小狗！"

"我的文具盒！"

齐齐接连获胜，这时妈妈给一旁的爸爸递了个眼色。爸爸收到信号，趁齐齐不注意，从盒子下方把自己的手伸了进去。

齐齐大大方方地把手伸进去摸索，谁料刚伸进去，盒里的手就主动"撩"了齐齐一下，这才有了刚才齐齐大惊失色的一幕！

看着齐齐吓坏的样子，妈妈赶紧鼓励道："齐齐，慢慢来，你先回想一下，刚才除了感觉里面的东西动了外，还有什么感觉？"

齐齐冷静下来想了想，说道："它……它好像是长条的，而且不冷。"

妈妈及时鼓励道："齐齐真棒！我们再小心地试试看，能不能摸到里面是什么？"

在妈妈的鼓励下，齐齐再一次鼓起勇气，小心地把手伸进箱子里试探着。这次，爸爸的手倒是没有吓唬齐齐了。齐齐试探着在箱子里探索着，终于，他又碰到了刚才那个"活物"。齐齐瑟缩了一下，见"活物"没有扑上来，于是大着胆子摸了起来。

"哎呀！是，是手！"齐齐立刻笑了，妈妈和爸爸也笑出了声。

"齐齐真棒！这都给你摸出来了。"爸爸笑着说道。

"是呀，我们齐齐是个勇敢的孩子。"妈妈也夸奖道。

齐齐有些不好意思地低下头，随即也开心地笑了起来。

☆游戏目的

1. 帮助孩子锻炼勇气，提高自信心；
2. 锻炼孩子的触感与联想能力。

☆成长记录

您的孩子完成游戏的情况如何呢？

请在下面方框内打"√"或"×"，并填写游戏心得。

孩子能勇敢地将手伸进盒子，并小心触摸试探吗？ ☐

孩子在触摸物品后，能联想到盒中物品的真实样子吗？ ☐

家长游戏心得：

2.照镜子游戏，"我的眼睛很漂亮"

适龄儿童：4～6岁宝宝

相信有孩子的爸爸妈妈们，经常会听到孩子们各种各样的有趣提问。

当孩子对自己的外貌做出评价时，有些父母会觉得有趣，随即调侃孩子两句；有些父母会觉得很无聊，然后选择不去理会。

其实，在这些问题的背后，隐藏的是孩子对自己产生的怀疑和焦虑。

儿童正处于感知世界的阶段，在这一阶段中，健康有趣的游戏能够在赋予孩子快乐的同时，也给予他们对这个世界的认知与体验，从而增长他们的自信与勇气。当然，最重要的是可以培养孩子的性格。

每个孩子都是家庭的中心，当孩子离开家庭，融入幼儿园这个陌生的集体时，经常会因为老师或小朋友的一句"无心之言"而垂头丧气。

但是，当今的社会是人才竞争的社会，自信的人总能在竞争中赢得机会，可以说，自信心是孩子未来成功的第一步。因此，帮助孩子建立自信的小游戏是必不可少的。

"照镜子"游戏是一款非常新颖的游戏，也是需要儿童和家长共同完成的游戏。这款游戏不仅能促进家长和孩子的情感交流，也能让孩子增强自信心。

● 游戏准备

一个木框

没有木框时，也可以用其他材料制作一个中空的长方形或正方形模具。

● 游戏步骤

步骤1：妈妈与孩子分别站在木框的两边。由妈妈主导，先说出"照镜子，左歪头"，孩子照做，但要向右边歪头（因为镜子里的人跟我们的左、右是相反的）；再说出"照镜子，上仰头"，孩子照做，向上边仰头，也可说"照镜子，左抬腿""照镜子，拍拍手"等指令。

步骤2：妈妈伸手点一点孩子鼻子说，"我在照镜子，我的鼻子真可爱（指的是孩子的鼻子，因为镜子对面是孩子）"；妈妈说完后，孩子也用手指着妈妈的眼睛说，"我在照镜子，我的眼睛非常大"。在发现对方的优点后，妈妈点了点孩子的眼睛说，"我的眼睛有点小但是我不怕，因为心灵美才最美丽"；孩子也如此进行，安慰妈妈的缺点。

温馨小提示

在游戏中，妈妈要多说一些孩子的优点，少说缺点，在说出缺点时，要像游戏中的妈妈一样，或者教会孩子什么更重要，或者为孩子提出解决方法。

☆欢乐时光

露露从幼儿园回来后，有些不开心地对妈妈说道："妈妈，今天有小朋友说，我的牙是黑豆豆。妈妈，我的牙齿是不是很难看。"

妈妈摸了摸露露的头，问道："露露，你觉得妈妈的牙齿好看吗？"

露露想了想，用力地点点头："好看。"

妈妈笑着说道："为什么好看呢？是因为妈妈的牙齿很白，而且没有像露露一样有龅牙是吗？"露露垂头丧气地点点头。

妈妈温柔地说道："这样吧，露露，我们一起做个游戏好不好？"

"好！"

妈妈讲述游戏规则后，开始游戏。

妈妈："我在照镜子，我的鼻子真可爱。"

露露："我在照镜子，我的牙齿非常白。"

妈妈："我在照镜子，我的眼睛大又圆。"

露露："我在照镜子，我的嘴巴红嘟嘟。"

……

妈妈："我的牙齿有点黑，还有一点不整齐……不过没关系，只要我能做到每天刷牙，少吃糖果，晚饭后不吃甜点，我就能有洁白又漂亮的小牙齿啦！"

露露听完开心地说道："噢！妈妈，我知道了！我有漂亮的小鼻子，还有漂亮的大眼睛，而且只要我好好刷牙，我的牙齿就能又白又整齐了！"

☆游戏目的

1. 培养孩子的自信心，让孩子产生自信，拒绝自卑心理；

2. 培养孩子的反应能力；

3. 培养孩子对左、右、上、下等方位词的认识，培养孩子对镜子相关知识的认知；

4. 培养孩子发现对方优点的能力；

5. 培养孩子正确认识自己、客观认识对方的能力。

☆成长记录

您的孩子完成游戏的情况如何呢？

请在下面方框内打"√"或"×"，并填写游戏心得。

您的孩子对方位词汇的掌握程度如何？　☐

您的孩子能够正确认识镜子与我们是左右相反的吗？　☐

您的孩子能够正确认识自己与您的优点和缺点吗？　☐

您的孩子是否重新获得自信？　☐

家长游戏心得：

3.迷宫游戏，不放弃尝试，就能走到终点

适龄儿童：4～6岁宝宝

自信和勇气，一直都是孩子需要锻炼的内容。有了自信，孩子在今后的成长过程中才拥有精神核心；有了勇气，孩子才能拥有努力完成目标的能力，才有能力面对今后的困难。

自信和勇气并非孩子与生俱来的，家长朋友们一定要做到耐心引导。拥有自信的孩子，才能有走出困境的精神力量，有勇气的孩子才能披荆斩棘走向成功。

若想锻炼孩子的自信与勇气，家长朋友们就要遵循一定的方法和理念，比如给予孩子充分的信任和尊重，同时要允许孩子犯错、试错。只有得到尊重和信任的孩子，才能增长自己的自信心，只有在犯错、试错后，孩子才能拥有改错的勇气。

家长朋友们要意识到：孩子本身就是一个具备独立人格的人。因此，家长只能起到正面引导作用，给予孩子足够的关注与配合，不要"大包大揽"，也不要不管不顾，这样正确有度地引导孩子，才能培养孩子的信心与勇气。

家长还要教导孩子，要树立信心，面对困难与挫折要从容不迫。就比如这款迷宫游戏，孩子总会出现挫折，也总会走一些弯路。这时，父母一定要教导孩子，冷静从容，想出可行的解决办法，这样孩子才能养成敢于克服困难的勇气，才能有解决问题的信心。

在进行迷宫游戏时，家长不妨引导孩子想些技巧，比如在平面迷宫游戏中，家长可以告诉孩子，把走过的路用另一种颜色的笔标注出来。在现实迷宫中，教孩子学会做些标记。平时在路上，家长也可以有意识地告诉孩子，"去公园的路很简单，在建设银行的路口左转，路过××超市时右转，看到一个大雕塑时，再走5分钟就快到了。"

只要在生活中注意正面教育和引导，就能让孩子拥有自信和勇气。下面，就让我们一起进入有趣的迷宫游戏吧！

●游戏准备

迷宫书册或游乐场的迷宫

●游戏步骤

步骤1：由家长带着孩子体验迷宫，并告知迷宫走法。

步骤2：碰到死胡同时，则尝试另一条路，直到走出迷宫为止。

温馨小提示

在游乐场迷宫，不少家长为了快点走出迷宫，都会抱着孩子翻越障碍，这其实是对孩子成长很不利的行为。如果孩子主动做出这些行为，家长要负责引导孩子，加强孩子的规则意识；如果孩子看到其他人进行这样的行为而产生模仿欲望，家长要告知孩子，"这个行为是不对的，想玩就要遵守规则，要靠自己走出去，否则还不如在笔直的马路上走"等。

☆欢乐时光

"哎呀，妈妈，我刚才好像走过这条路……"

艾艾打量着四面都一样的墙壁，不由得把求助的目光投向了妈妈。

原来，妈妈趁着周六休息时，带着艾艾来到公园走迷宫了。这里的迷宫比较困难，但是能走出迷宫的小朋友，都会获得由工作人员送上的小奖品一份。

早在进入迷宫之前，艾艾就对妈妈发出了"警告"，要妈妈不要提示自己，也不要帮助自己，她要独自走出迷宫拿到奖品。对于艾艾的"雄心壮志"，妈妈当然十分乐见，当即同意了女儿的要求。

谁想到，进入迷宫没多久，艾艾就开始在迷宫里打转，当第三次走到同一条死胡同时，艾艾终于忍不住向妈妈求助了。

妈妈笑意盈盈地说道："艾艾，妈妈告诉你个小窍门，你用这个小窍门，独自走出迷宫，怎么样？"艾艾一听赶忙同意了。

妈妈说道："艾艾，你只要把咱们走过的路做好记号，这次走进死胡同，下次选另一条路就可以了。你看，咱们这个是室外迷宫，地上都是沙土，你可以在走过的路上画一个小圆圈，这样咱们就能走出去啦。"

艾艾恍然大悟，钦佩地说道："哇，妈妈，您真是太聪明了。"

妈妈看着艾艾竖大拇指的样子有些忍俊不禁。

"妈妈，左边的路我们已经走过了，这次就走右边的！"

"妈妈，中间的路和右边的路我们都走过了，不行，出不去，这回我们走左边的！"

"妈妈，这回还是走右边，你别跟丢了啊！"

很快，艾艾靠着小窍门，几经试错后终于看到了前方的出口。此时，工作人员正拿着奖品，笑眯眯地冲艾艾和妈妈招手呢！

艾艾高兴地紧跑了两步，回头大声说道："耶！妈妈，我们终于出来啦！"

☆游戏目的

1. 培养孩子独自解决问题的能力；

2. 提高孩子的自信心与勇气；

3. 提高孩子的方向感，巩固对上、下、左、右等方位的概念。

☆成长记录

您的孩子完成游戏的情况如何呢？

请在下面方框内打"√"或"×"，并填写游戏心得。

孩子能分清方位词，并有意识地记忆一些标志物吗？ □

孩子在遇到死胡同时，情绪变化小并能迅速开始下一次尝试吗？ □

孩子的规则意识如何，会主动破坏规则吗？ □

家长游戏心得：

4.丢沙包，勇敢直面飞来的挑战

适龄儿童：5～6岁宝宝

孩子与成人的生理结构不同，孩子的骨骼中胶质成分要比成年人更多，而钙质却较少，因此，孩子的骨骼富有弹性，也不容易骨折。

在孩童时期，孩子需要锻炼自己的腰腹力量，因为这段时期是培养速度、提升腰腹力的敏感时期，在这段时间内，孩子的心理方面也需要进行调节。与成年人不同，孩子的好奇心更强，他们更容易被新鲜事物吸引，也更容易注意力涣散，导致注意力不集中。

丢沙包游戏不但形式多样，且富含技巧，对孩子的身体承受力的负担也小。可以说，丢沙包是非常适合孩子进行的群体游戏，它对培养孩子果断、团结的体育精神也有重大意义。

对家长来说，孩子的勇气和自信是十分必要的，而这一点在丢沙包游戏中又能展现得淋漓尽致。扔沙包是可以男女合作的游戏，因为丢沙包有一定技巧，而男生和女生在童年时期力气、身高都不会相差太多，这就能很好地培养孩子的社交能力与团队协作能力。

不少家长觉得，丢沙包会砸到眼睛，也会摔跤弄伤皮肤、弄脏衣服。但其实，家长朋友应该支持孩子在健康安全下的体育行为。首先，丢沙包是孩子间的游戏，就算沙包打在身上，以孩子的力道来说不会有大的问题；其次，丢沙包是孩子在安全状态下的探索体验，家长最好不要太多干预，否则孩子长大后会形成畏首畏尾的问题；最后，如果孩子在丢沙包时，出现害怕接住沙包，只能抱头等着被砸的情况，家长就要适当引导，帮助孩子找回勇敢，建立良好的自我意识。

丢沙包游戏不仅对孩子骨骼、肌肉的生长发育有利，还能有效改善孩子的抵抗力、免疫力与适应能力。它能帮助孩子增强自信心，提高判断能力与反应速度，也能改善和缓解孩子的心理状态，激发孩子的创造性与主动性。

下面，我们就来跟孩子一起进行一场妙趣横生的"丢沙包大战"吧！

●游戏准备

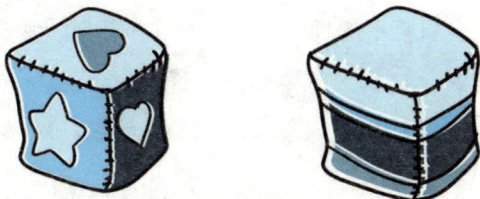

沙包若干

●游戏步骤

Team 1

Team 2

步骤1： 把丢沙包的小朋友分成两队，每队4人，男女不限；在比赛中，两队互相丢沙包给对方，比赛前抽签决定哪队先丢沙包，被丢的一方要躲避或者接住沙包。

步骤2： 丢沙包的组，每打中对方选手，则对方选手被淘汰；如果对方接住沙包，则加一条命，可以自用，也可以"救"一名场下队友。

+1

温馨小提示

　　家长要特别强调纪律问题，尤其要告诉孩子，在丢沙包时一定要注意安全。

☆欢乐时光

乐乐是个很受欢迎的小朋友，聪明懂事，乐于助人，唯一的缺点就是有些胆小。小时候，妈妈看到乐乐胆小的行为，总以为等乐乐长大了，胆子自然就大了，可谁想到，乐乐已经5岁了，胆子却总比同龄孩子小一些。

为了锻炼乐乐的勇气，让乐乐成为真正的小男子汉，妈妈特意请了小区里的其他孩子，一起到公园里面玩丢沙包。

很快，小区的孩子们陆陆续续来到了公园，一些陪着孩子来的家长也在一旁当起了观众。按照"战斗力"强弱，丢沙包的两队分别由两个大孩子带领，乐乐被分到了红队。

蓝队先攻，蓝队队长用一发"快包"将乐乐身边的小朋友星星打下了场，沙包擦着乐乐的头顶飞过，把乐乐吓得脸色都白了。红队队长抓起沙包"回敬"了蓝队一发，但是可惜，沙包只是从蓝队队员身边飞过，并没有打到人。

乐乐的表现早已被蓝队成员看在眼里，这回的沙包直直冲着乐乐飞来。眼看沙包就要打到自己，乐乐干脆闭起眼睛抱着头，站在原地等沙包砸自己。

"乐乐，他们丢沙包的时候，你试试用手把包抓住。"妈妈在一旁提示道。

但是已经晚了，乐乐被沙包打下了场。

看着垂头丧气的乐乐，妈妈想了想，拉着乐乐的手说道："宝贝，你觉得沙包打到你身上疼吗？"

乐乐闷闷不乐地想了想，坦白地说道："不疼，还不如摔一跤疼。"

妈妈笑了："是呀，乐乐，即便沙包打到你，你也不会痛，那下次不如试试勇敢地躲开，或者用手把沙包抓住，抓住了沙包，还能'救'星星一'命'呢！"

"嗯！对呀！"乐乐突然说道，"哎，我也不知道在害怕什么，刚才就这样了，哈哈！"

很快，红队队长在落后的情况下勇敢地抓住了沙包，把乐乐换上了场。

上场后，乐乐摩拳擦掌，全神贯注地盯着对方的沙包。看见乐乐上来了，对面小朋友决定再次"针对"乐乐，把他打下场。

"嗖——"沙包向乐乐飞来。只见乐乐用心看着沙包，突然举手一接。

"接到了！接到了！"红队顿时欢呼起来。

看着信心满满的乐乐，妈妈在一旁开心地笑了。

☆游戏目的

1. 培养孩子的运动兴趣，提高孩子的团队合作力；
2. 提高孩子的竞争意识，培养孩子的规则意识；
3. 提高孩子做跑步、跳跃等动作时的身体协调性及灵敏度。

☆成长记录

您的孩子完成游戏的情况如何呢？

请在下面方框内打"√"或"×"，并填写游戏心得。

您的孩子能勇敢接住对方丢来的沙包吗？　□

在游戏过程中，孩子会特别注意安全问题吗？　□

孩子能与队员协调合作，必要时会为主力"挡沙包"吗？　□

家长游戏心得：